Dr. Manfred Schraag / Wolfgang Jansen /
Winfried Boeckler / Erna Dieckmann /
Roland Geggus / Wolfgang Kottmann / Christel Mann

Geräte und Materialien in der Bewegungserziehung

unter Mitarbeit von:

Reinhard Baumgratz
Thomas Buttendorf
Frank-Joachim Durlach
Heinz Hinz
Margret Schraag
Hartmut Schrenk
Thomas Stöppler

Verlag Hofmann
Schorndorf

Die Deutsche Bibliothek — CIP-Einheitsaufnahme

Geräte und Materialien in der Bewegungserziehung /
Manfred Schraag . . . Unter Mitarb. von Reinhard Baumgratz . . .
— 2., unveränd. Aufl. —
Schorndorf: Hofmann, 1996
ISBN 3-7780-3772-2
NE: Schraag, Manfred

Bestellnummer 3772

2., unveränderte Auflage 1996

Layout und Satz: Wolfgang Jansen

Gesamtherstellung in der Hausdruckerei des Verlags
Printed in Germany · ISBN 3-7780-3772-2

Inhaltsverzeichnis

Der

Fachverband für Behindertenpädagogik

– Landesverband Baden-Württemberg –

- arbeitet mit an der Erstellung von Richtlinien, Lehrplänen und Erlassen für alle Sonderschultypen
- entwickelt Konzeptionen zur Unterrichtsorganisation an Sonderschulen
- kämpft um die Anerkennung der Schulabschlüsse und gegen die Vorurteile der Gesellschaft gegenüber Behinderten
- erarbeitet Konzepte zur Findung des optimalen Lern- und Förderortes für Behinderte und von Behinderung bedrohte
- bemüht sich um den Ausbau der Früherziehung und der vorschulischen Einrichtungen für behinderte Kinder
- kämpft für die berufliche Eingliederung Behinderter und für ihre gesellschaftliche Rehabilitation

Als Mitglied im

Verband Deutscher Sonderschulen

- Fachverband für Behindertenpädagogik -

Zeitschrift für Heilpädagogik

- erhalten Sie monatlich die
die anerkannte Fachzeitschrift für Sonderpädagogik
- erhalten Sie vierteljährlich die Zeitschrift des Landesverbandes, die

Sonderschule

in Baden-Württemberg

die Sie über aktuelle sonderpädagogische Aktivitäten in unserem Land informiert

- nehmen Sie an den Fortbildungsveranstaltungen, den Arbeitskreisen, den Kongressen und Hauptversammlungen auf Regional-, Landes- und/oder Bundesebene teil und erhalten vielfältige Anregungen für Ihre berufliche Arbeit

**"DER MENSCH IST NUR DA
GANZ MENSCH,
WO ER SPIELT"** (SCHILLER)

1. Warum dieses Buch geschrieben wurde

Die Bedeutung von "Bewegung, Spiel und Sport" für die Entwicklung des Kindes ist in den letzten Jahren in Schulpraxis, Wissenschaft und Forschung zunehmend erkannt worden. Besonders an Sonderschulen hat sich diese Neubewertung bemerkbar gemacht.

So wird Bewegungserziehung als ein wichtiger "Baustein" im Rahmen einer ganzheitlichen Erziehung erkannt.

Dies gilt aber nicht nur für die Arbeit an Sonderschulen, sondern in den letzten Jahren verstärkt auch für Allgemeinschulen besonders Grundschulen. Ein großes Anliegen der Autorengruppe besteht darin, auch auf weitere Vernetzungsaspekte hinzuweisen und somit von einer hinreichenden Zusammenschau aller Fördermaßnahmen für ein Kind auszugehen.

Neben Lehrern sind in die Zielgruppe des Buches auch Betreuer und Jugendleiter im vielfältigen Angebot der Sportvereine ebenso wie Berufsgruppen im sozialpädagogischen Feld (Kindergarten, Jugendhort, Nachmittagsbetreuung, Jugendhaus, Stadtteilarbeit), Mitarbeiter freier Träger (Jugendarbeit) und freiberuflich tätige Bewegungstherapeuten einbezogen.

Erfahrungen aus dem Bereich der Sonderpädagogik und aus dessen Umfeld noch mehr für die Allgemeine Pädagogik, das allgemeine Schulwesen und für sozialpädagogische Arbeitsfelder nutzbar zu machen, dies stellt die erklärte Absicht der Autorengruppe dar.

Als Beispiele für die zunehmende Beachtung von Bewegungserziehung an den Schulen lassen sich die Lehrpläne im Fach Sport an Sonderschulen nennen (z.B. Schule für Lernbehinderte: Baden-Württemberg 1987, Hessen 1988, Niedersachsen 1984, Schleswig-Holstein 1984). Für Grundschulen sind z.B. in diesem Zusammenhang die Bildungspläne für das Fach Sport in Baden-Württemberg (1984) hervorzuheben.
Ebenso wird die Tendenz erkennbar, daß die fächerübergreifende Relevanz bei Beeinträchtigungen und Schwächen im Bewegungsverhalten von Kindern zunehmend Beachtung findet (z.B. Bildungsplan für die Schule für Lernbehinderte Baden-Württemberg 1989).

Nun macht Bewegungsmangel einen negativen Zivilisationseinfluß unserer heutigen Zeit aus. Hinzu kommt ein genereller Mangel an Eigentätigkeit. Enge Wohnungen in den Städten und der Mangel an für eine gesunde Entwicklung notwendigen freien Bewegungsräumen, die zur Bewegung und Erprobung eigener körperlicher Fähigkeiten auffordern, wie Spiel- und "Bolzplätze" sowie Wälder und Freispielflächen, Hindernisse, Gräben und Bäume zum Klettern usw., bewirken häufig einen Mangel an unmittelbaren Erfahrungen. In einer auf die Förderung der Gesamtentwicklung ausgerichteten Bildung und Erziehung ist es für Kinder im Kindergarten- und im Schulalter geboten, ihnen ausreichend Gelegenheit zu geben, körperliche, materiale, soziale und personale Erfahrungen machen zu können.

Die deutliche Mahnung von NESTLE scheint somit zunehmend Beachtung zu finden: "Beim schulischen Lehren und Lernen wird oft vergessen, daß nicht nur das Gehirn, sondern der ganze Mensch lernt" und somit "verkomme" der Unterricht "nicht selten zur bloßen Gehirnbewirtschaftung" (NESTLE 1981, S. 100).

Bei einem Teil der Schüler an Sonderschulen begründet sich die besondere Förderbedürftigkeit durch "erhebliche Rückstände im Bereich elementarer Lernvoraussetzungen (Wahrnehmung, Motorik, Sozialverhalten)" (Vorgabepapier 1987, S. 3). Deshalb muß in der Schule vor allem in der Unterstufe schwerpunktmäßig "Entwicklungsförderung" geleistet werden. Wahrnehmen - Bewegen - Erleben - Lernen erweisen sich dabei als wichtige ganzheitliche Fördergesichtspunkte. Im Zusammenwirken mit anderen Fördergesichtspunkten wird "Bewegung als ein Prinzip des Unterrichts" erkannt und als ein fächerverknüpfendes Element bedeutsam.

Die Annäherung an eine ganzheitliche und erlebnisorientierte Unterrichtsweise hat Weiterentwicklungen von Sportgeräten begünstigt und die Ausstattungen von Schulen und Sporthallen beeinflußt.
Bei der Beurteilung von Materialien und Geräten unter pädagogischen, didaktischen und methodischen Gesichtspunkten rücken folgende Fragestellungen in den Blickpunkt des Interesses:

- Wie kann nun ungünstigen Entwicklungsvoraussetzungen entsprochen werden?
- Was können Bewegung, Spiel und Sport dazu beitragen?
- Welche Maßnahmen sind notwendig?
- Gibt es Materialien und Geräte, welche die Entwicklung des Kindes fördern?
- Welche Rolle spielt dabei der Lehrer?
- Welche Impulse für Spielideen sind notwendig?
- Sind die Geräte vielseitig verwendbar, und fordern sie neue "Spielideen" heraus?
- Sind Finden, Erproben, Gestalten und Verändern wesentliche Merkmale der Auseinandersetzung mit den Materialien?
- Welche Erfahrungen werden im Umgang mit den Geräten gesammelt?
- Welche Grundfertigkeiten werden erworben?
- Welche Bewegungserlebnisse können dabei gesammelt werden?
- Werden Problemlösungssituation provoziert?
- Eignet sich das Material zum "Erfinden" von Spielen, bei denen mehrere Schüler beteiligt sind?

- Wird selbstgesteuertes Handeln der Schüler ermöglicht bzw. herausgefordert?
- Werden Möglichkeiten zur Selbsttätigkeit geschaffen?
- Können Regeln selbst gefunden und ausgehandelt werden?
- Wird im "Miteinander" und "Gegeneinander" der Umgang mit dem Partner und mit der Gruppe erschlossen?
- Eignen sich die Materialien zur Kombination mit anderen Geräten?
- Welche Aspekte für Weiterentwicklungen eröffnen sich?

Eine Übersicht über die Spiel- und Sportgeräte, welche sich für den schulischen Gebrauch eignen, ist daher für jeden Pädagogen notwendig. Auf der anderen Seite wird das Angebot von seiten der Industrie und des Handels immer größer. Daher hat sich die Autorengruppe die Aufgabe gestellt, einen Leitfaden von Materialien und Geräten und deren Verwendung zur "Bewegungsförderung" zu erstellen. Die zusammengetragenen Praxisanregungen stellen in erster Linie entwicklungs- und erlebnisorientierte Aspekte der Förderung heraus. Es ist das Bemühen der Autorengruppe, die vorgestellten Anregungen im Gesamtzusammenhang eines Sportkonzeptes zu sehen, welches sich vorrangig auf spielerische Grundlagen bezieht und weniger auf ein Funktionstraining.

Bei aller Wichtigkeit von Materialien erkennt die Autorengruppe voll die Bedeutung des Lehrers als Bezugsperson: Eine vertrauensvolle zwischenmenschliche Beziehung stellt die wichtigste und wirksamste Fördermaßnahme dar. Sie ist die Voraussetzung für eine anregende und entspannte Atmosphäre in einer Schule, in der Lernen Freude bereitet. Wertschätzung, Anerkennung und Bestätigung machen für alle Menschen wichtige Erfahrungen aus, um Selbstwertgefühl und ein Gefühl der Sicherheit und Geborgenheit zu erwerben. Diese hervorzuhebenden Merkmale kennzeichnen eine vertrauensvolle Schulatmosphäre. Ebenso von Bedeutung ist die Erweiterung des zwischenmenschlichen Beziehungsnetzes.

Andererseits erweist sich für einen Pädagogen ein fundiertes Wissen über Materialen, Geräte und deren Verwendungsmöglichkeiten geradezu als notwendig und bedeutsam. Die Wirksamkeit von Unterricht hängt zu einem erheblichen Teil von den zur Verfügung stehenden Geräten, Materialien und Hilfsmitteln ab. Diese allgemeinen Rahmenbedingungen machen einen durchschlagenden Faktor des Unterrichtsangebots für die Schüler aus.

Durch den verantwortungsvollen "Gebrauch dieses Werkzeugs" kann der Lehrer seine Fördermaßnahmen unterstützen. Ebenso erweitern Materialien und Geräte seinen Handlungsspielraum an Fördermaßnahmen unter pädagogischen, didaktischen und organisatorischen Gesichtspunkten. Sie dienen häufig dazu, Bewegung im Sinne ganzheitlicher Förderung als Unterrichts- und Erziehungsprinzip im Lern- und Unterrichtsprozeß zu verzahnen.

Zur Handhabung des Buches:

Eine Gesamtübersicht der bearbeiteten Materialien und Geräte folgt auf den nächsten Seiten.

Anschließend werden Aspekte zur Gestaltung von Unterrichts- und Übungssituationen in Ausführungen grundlegender Art angegangen und dargestellt (Kapitel 3).
Es folgen für jedes aufgeführte Gerät praxiserprobte Anregungen.
Aus Darstellungs- und Orientierungsgründen wurde für jede Gerätegruppe ein Piktogramm entwickelt und die einzelnen Geräte und Materialien durch eine Numerierung systematisiert.
Mit Hilfe der Kennziffern und Piktogramme, die in der Übersicht dargestellt und auf den entsprechenden Seiten übernommen sind, wird ein rasches Auffinden der Verwendungs-, Spiel- und Übungsvorschläge für den gezielten Einsatz in der Praxis möglich.

Die Autoren verstehen diese Beispiele und Vorschläge als Impulse. Möge das Buch eine breite Diskussion um Unterricht in den Allgemeinschulen, in den Sonderschulen sowie den sie umgebenden Aufgabenfeldern, in der Arbeit im Sportverein ebenso wie in Feldern sozialpädagogischer Arbeit anregen.

2. Übersicht über einsetzbare Geräte und

Alltagsmaterialien

Zeitungspapier	1
Bierdeckel	2
Eierlagen	3
GroßeKartons	4
Schuhkartons	5
Seidenpapier	6
Teppichfliesen	7
Bänder	8
Baustellenabsperrband	9
Wäscheklammern	10
LeereKonservendosen	11
Filmdöschen	12
"Fuß-Stapfen"	13
Spinnereigarnrollen	14
WeitereMaterialvorschläge	15

Fahrgeräte

Rollbrett	16
Pedalos	17
Rollschuhe	18
Skate-Board	19
Roller	20
Kettcar	21
Fahrräder	22

Kleingeräte

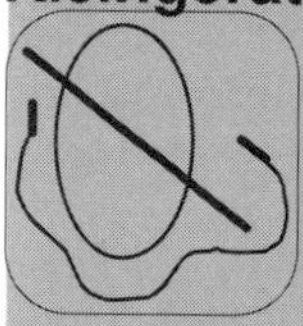

Riesenmikado	23
Bleischnur	24
Schwungtuch/Fallschirm	25
Körperschemamännchen	26
Sandsäckchen	27
Schleuderhörner	28
Baumwolltücher	29
Chiffontücher	30
Krabbelsack (Zaubersack)	31
Gymnastik-/Knies-Bänder	32
Holzklötze	33
Schaumstoffteile	34
Kriechtunnel	35
Sportkreisel/Therapiekreisel	36
Stelzen	37
Laufdollis	38
Hüpfbälle	39
Frisbee-Scheibe	40
Bumerang	41
Ziehtaue	42
Springseile	43
Parteibänder	44
Reifen	45
Stäbe	46
Markierungskegel	47

Bälle

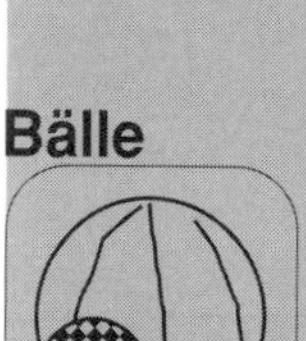

Japanpapierbälle	48
Luftballons	49
Zeitlupenbälle	50
Wasserbälle	51
Riesenluftballons	52
Schaumstoffball	53
Noppenball	54
Igelbälle	55
Klingelball	56
Physioball/Pushball	57
Erdball	58

Materialien

Schläger

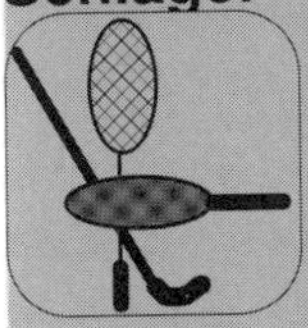

Großgeräte

Materialien und Geräte zur Verwendung im Wasser

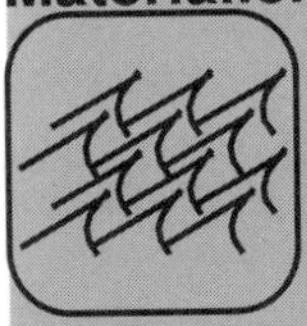

Materialien und Geräte im Winter

Musikinstrumente in der Bewegungserziehung

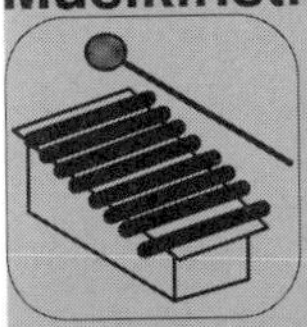

3. Prinzipien der Gestaltung von Unterrichts- und Übungssituationen

In der Praxis des Lehrens und Lernen belegt es sich immer wieder neu: Es ist eine Kunst des Unterrichtens, Situationen so zu bereiten, daß Kinder aus eigenem Antrieb darauf eingehen.
Daher richten wir unseren Blick auf die Bedürfnisse und Lebensbezüge der Kinder, das Unterrichtsangebot, die Unterrichtssituation und das Lehrerverhalten.

Gibt es nun im Sportunterricht allgemeingültige Prinzipien für einen kindgemäßen, effektiven und für alle am Unterrichtsprozeß Beteiligten "erfolgreichen" Unterricht?

Die in der Sportdidaktik der letzten Jahre geführte Diskussion um das "Sporttreiben-Lernen in Form von bestimmten Sportarten" und Ansätzen für eine "offene Bewegungs- und Spielerziehung" hat unterschiedliche Auffassungen von Sport und Sporttreiben aufgedeckt.

Im Sinne einer Pädagogik "vom Kinde aus" sind für uns die Bedürfnisse und Ziele der Sporttreibenden mit RIEDER/FISCHER von herausragender Bedeutung(1986, S. 9). Daraus ergeben sich sowohl die Didaktik ("was" und "warum") als auch die Methodik ("wie" und "warum") und die Gestaltung der Lernsituation.
Auf der Grundlage dieser Überlegungen öffnet sich unser Blick für einen "weiten Sportbegriff". Es geht uns darum, was "Bewegung, Spiel und Sport" für das Kind und seine Entwicklung erbringt bzw. erbringen kann ("Entwicklungsförderung"). Die Funktionen von "Bewegung, Spiel und Leistung" im Schulsport, Leistungs- und Hochleistungssport, Freizeitsport oder beim Sport mit Sondergruppen und die davon abhängige Methodik des Vermittelns sind für unseren Sportbegriff bestimmend.

Für den Bereich der Sonderschule, Grundschule und in Ansätzen für die weiterführenden Schulen hat diese Sport-Diskussion eine Weiterentwicklung von "erfahrungsgeleiteten, offenen Konzepten" auf den Weg gebracht. Somit wurde eine Phase der "Versportung der Bewegungserziehung" überwunden.
Es besteht weitgehend ein Konsens darüber, daß, aufbauend auf einer zunächst breit angelegten "Bewegungserziehung /Bewegungsförderung", eine allmähliche Hinführung zu den einzelnen Sportarten erfolgen sollte. Im Rahmen dieser zunehmenden Spezialisierung und Neigungsdifferenzierung ist eine vermehrte Berücksichtigung örtlicher Verhältnisse und Besonderheiten möglich.
Dieser Ansatz hat in vielen Lehrplänen seinen Niederschlag gefunden (z.B. Baden-Württemberg Grundschule 1984, Schule für Lernbehinderte 1987).

Folgende Unterrichtsprinzipien stehen für uns im Vordergrund:

Kindgemäßheit und Orientierung am Kind

Erfahrungen sammeln, Erkunden, Erproben, Bewältigen und Steigern, Spielen und Lernen auf individueller und kooperativer Basis sind die wichtigsten Aktivitätsformen im Rahmen einer breiten Bewegungserziehung. Folgende Erfahrungs- und Lernbereiche sind wesentlich: **"Spielen - Spiel", "Körper und Sinne", "Sich bewegen ohne, mit und am Gerät", "Spielen und sich bewegen im Wasser" sowie "Schule, Freispielfläche und Natur"**.

Auf der Grundlage der Orientierung am Kind wird im Unterricht bedeutsam sein:
- das Erproben von Kleingeräten, Gegenständen und Materialien
- das Erkunden und Erproben von eigenen Bewegungsmöglichkeiten wie Gehen, Laufen, Hüpfen, Steigen, Klettern, Balancieren, Kriechen, Schwingen ("ABC der Grundtätigkeiten", Erwerb eines "Bewegungsschatzes" und angemessenen "Bewegungsrepertoires")
- Bewegen an und Auseinandersetzen mit Großgeräten ("Erobern des Gerätes")
- das Anrecht des Kindes auf Spielen und Spiel
- das Kennenlernen des eigenen Körpers, der Erprobung und Verfeinerung seiner Möglichkeiten und die Schulung der Sinne
- die Erschließung des Wassers als Spiel- und Bewegungsraum
- der Einbezug von Klassenzimmer, Freispielfläche und Natur als Bewegungsraum.

Macht eine Spiel- oder Übungsform den Kindern sehr viel Freude, so sollte der Lehrer diese nicht vorzeitig abbrechen, sondern so lange weiterführen lassen bis das Interesse der Kinder nachläßt. Wichtig ist vor allem beim jüngeren Kind einzig allein, daß es während der Übungsstunden seinen natürlichen Bewegungsdrang vielseitig ausleben kann und dabei noch sehr viel Freude hat (vgl. SCHWÄBISCHER TURNERBUND 1986, S. 12).

Von der individuellen Auseinandersetzung mit einem Gerät zur Tätigkeit mit dem Partner und in der Gruppe

Kinder wollen und sollen Materialien, Geräte und Gegenstände aber auch ihre körperlichen Möglichkeiten spielerisch erproben. Sie wollen und sollen beim sportartbezogenen Handeln aber auch soziale Erfahrungen machen: mit einem Partner, in einer Gruppe, in einer Mannschaft.
Ein methodisches Erfahrungsprinzip aus der Rhythmik kommt bei der Arbeit mit Kleingeräten im Unterricht häufig zur Anwendung.
Nehmen wir für unser Beispiel die Beschäftigung des Kindes mit dem Ball: Zuerst wird sich das Kind selbst mit dem Gerät Ball auseinandersetzen. Das Kind wird

Erfahrungen über dessen Eigengesetzlichkeiten sammeln, den Umgang mit dem Ball erproben sowie Spielideen entwickeln und verwirklichen (ICH - in der Auseinandersetzung mit dem GERÄT). Jüngere Kinder sind zunächst ausgeprägte "Individualisten". Daher ist es wichtig, jedem Kind entsprechend seiner Vorerfahrungen ausreichende "Übungsgelegenheiten" bereitzustellen. Darüber hinaus sind Variationsmöglichkeiten anzubieten.
Aufbauend auf dieser Phase des Erprobens, Entdeckens und Findens rückt der Partner in den Blickpunkt des Interesses. Mit dem Partner lassen sich viele neue Spielideen mit dem Ball entwickeln (ICH - der BALL und der PARTNER).
Darauf aufbauend lassen sich Aufgaben mit dem Ball in der Gruppe lösen (ICH - der BALL und die GRUPPE). Möglicherweise kann diese Tätigkeit in einer sportartbezogenen Betätigung münden (z.B. "Kastentorball-Spiel" in Rahmen einer Spielreihe zum Handballspiel).
Die Darstellung von Lehrplänen in den sogenannten Ausrichtungen "Individualerfahrungen", "Erfahrungen mit Partner und Gruppe" und "Sportartbezogene Erfahrungen" erleichtert ein Arbeiten nach diesem pädagogischen Erfahrungsprinzip.

Das "Spielerische Prinzip" und die "Freude am Tätigsein"

Sport mit Kindern sollte zum überwiegenden Teil spielerisch sein; spielerisch soll gelernt, geübt und auch trainiert werden. Spielerisch ist daher auch mit Materialien, Geräten und Gegenständen umzugehen. Dieses Vorgehen kommt den Wünschen und Bedürfnissen unserer Kinder entgegen.
Häufig wird ein "Wer-Kann-Lernklima" Impulse setzen und den Einfallsreichtum der Kinder im Finden von Lösungen herausfordern.
"Wer kann in den sich drehenden Reifen springen?" oder "Wer kann einen Partner in einem 'glühenden' Reifen führen?" sind spielerische Aufgabenstellungen. Die Tätigkeiten lassen sich auch als "Kunststücke" formulieren. Auch liegen in der Sprache viele auffordernde Möglichkeiten. So wird bei einigen Autoren sportliches Handeln als eine Art lustiges Spiel aufgefaßt, bei dem das Kind zum freudigen Mitmachen angeregt wird. Die dabei verwendeten Beispiele beruhen häufig auf Vergleichen mit bekannten Tieren und Gegenständen (z.B. DEMETER 1976).
Das "Spielerische Prinzip" weist der Schule einen Weg, das Förderprinzip mit der "Freude am Tätigsein" zu verbinden ("Schule des Handelns"). Eine Schule dieses Typs trägt dazu bei, daß Menschenkinder in ihrer Umwelt Möglichkeiten zur Betätigung erkennen (CSIKSZENTMIHALYI 1987).

Offene, halboffene und gebundene Situationen

Erfahrungen sammeln, Erkunden, Erproben, Bewältigen und Steigern, Spielen und Lernen auf individueller und kooperativer Basis lassen sich dann im Unterricht verwirklichen, wenn dieser durch eine bestimmte Handlungsoffenheit gekennzeichnet ist.

BLUMENTHAL (1984) nennt drei gestufte Situationen:

Die **"offene Handlungssituation"** bietet den Schülern innerhalb eines durch Vereinbarung abgegrenzten Handlungsraumes (wie Halle, Teil der Halle, Teil des Schwimmbeckens, bestimmte Bereiche auf dem Sportplatz oder Schulhof, in der Natur) verschiedene Materialien und Geräte für eine bestimmte Zeit zur freien und selbsttätigen Verfügung an.
Materialien und Geräte müssen für den Schüler beweglich, veränderbar und gestaltbar sein.
Beispiele für "Materialpakete" können sein:
- verschiedene Bälle, Luftballons, Minihockeyschläger,
- Gymnastikreifen, Gymnastikstäbe, Taue und Bälle,
- kleine Kästen, Matten, Kastenrahmen, Turnbänke, Kombigeräte,
- Autoreifen, leere Kisten, Styroporblöcke,
- Holzspielzeug, Riesenmikados, Schaumstoffblöcke,
- Schwungtücher, Fallschirm, Bewegungsraupe, Kriechtunnel,
- Musik zur freien Bewegung.

"Halboffene Situationen" sind vom Lehrer gestaltete Spiel- und Gerätesituationen, die durch Schüler nicht veränderbar sind, diesen aber zur möglichst vielfältigen motorischen Bewältigung offenstehen.
Beispiele hierfür können sein:
- eine Kombination aus zwei verschieden hohen Sprungkästen, einem Stufenbarren, einer Turnbank und einem Weichboden,
- eine Kombination aus zwei Reckstangen (Reckfenster), 4 Matten, 2 kleinen Kästen und einer Bank,
- eine Kombination aus 2 Balancierbalken, 2 großen Kästen, 2 Bänken, 4 kleinen Kästen und 4 Matten,
- eine Kombination aus einer Sprossenwand, einer Weichbodenmatte, 3 Bänken, einem Kastendeckel und 2 Matten,
- zwei Bänke, ein Ball, ein Schwungtau und 4 Matten,
- 10 Gymnastikstäbe, eine umgedrehte Langbank und 2 Matten.

Das Erlernen bestimmter Fertigkeiten steht nicht im Vordergrund, sondern das Finden und Erproben mannigfaltigster Bewegungsformen und Bewegungsmöglichkeiten durch die Kinder.

Die Entwicklung "Kleiner Spiele" in der Spielerziehung und die Hinführung zu "Großen Sportspielen" in halboffenen Handlungsformen entspricht einer Sportdidaktik, die vom Kinde ausgeht. Gewisse vorgegebene Regeln widersprechen der notwendigen Spiel- und Handlungsfreiheit keineswegs. Dabei sollte beachtet werden:
- Regeln müssen den Kindern einsichtig sein,
- Regeln und Ordnungen lassen den Spielraum, den kreativen Entfaltungsraum und die Variationsbreite im Finden und Lösen von Spielideen offen.

"Gebundene Handlungssituationen" sind Unterrichtssituationen, in denen gezielt und zielstrebig unter Beachtung aller Gesetzmäßigkeiten und in Einbeziehung aller Lernhilfen sachorientiert gelernt wird. Das motorische Fertigkeits- und Eigenschaftsniveau sowie das taktische Handlungsniveau der Schüler werden in festen Aufgabenstellungen zu verbessern versucht. Dies bedeutet zugleich, daß diese gebundenen

Handlungssituationen gezielte Planungs- und Lernprozesse beinhalten, die sich zwischen Lehrern und Schülern und Lerninhalten abspielen.
Gebundene Handlungssituationen haben somit bereits in der Unterstufe ihren Platz, sofern ein sinnvoller pädagogischer Wechsel mit offenen und halboffenen Handlungssituationen im Unterricht stattfindet.

Offener Sportunterricht und dessen Planung

Die Geräteschränke im Geräteraum der Sporthalle für die Schüler zur "Selbstbedienung" zu öffnen, dies ist ein grundlegendes Mißverständnis von offenem Sportunterricht. Die Anzahl der in einer Unterrichtsstunde zu verwendenden Materialien und Geräte ist zu begrenzen. Nicht die "Konsumhaltung", sondern die schöpferische Eigentätigkeit der Kinder soll herausgefordert werden.
Im Sportunterricht gilt es, "die angebotenen Sportarten mit einer eher offenen Bewegungs- und Spielerziehung zu verbinden" (Lehrplan Grundschule Sport, Baden-Württemberg 1984, vgl. Lehrplan Schule für Lernbehinderte, Baden-Württemberg 1987).
An dieser vorsichtig formulierten Aufforderung der Lehrpläne wird deutlich, daß einerseits eine Öffnung des Schulsports zugunsten von mehr Handlungsspielraum für Schüler und Lehrer angestrebt wird, andererseits auf ein Fundament an Erfahrung und Können innerhalb der traditionellen Sportarten nicht verzichtet werden kann. Diese Synthese scheint möglich zu sein. Sie muß vom Sportlehrer geleistet werden und bedeutet bei ihrem Gelingen mit Sicherheit eine Bereicherung des Sportunterrichts mit Kindern im Hinblick auf ein breiteres Verständnis von dem, was "Sport", "Spiel" und "Bewegung" für die Schüler auch in der Schule ausmacht.

Der Ertrag von "erfahrungsoffenem Unterricht" (SCHRENK u.a. 1985, S. 30) darf nicht primär im Hinblick auf bestimmte Sportarten bewertet werden. "Erfahrungsoffener Unterricht" darf nicht mißverstanden werden als plan-, ziel- und ergebnisloser Unterricht, der mit beliebigem Tun und Lassen verbracht wird. Erfahrungsoffene Unterrichtsstunden oder Unterrichtsabschnitte bedürfen einer Zielsetzung, die sich aus den Zielen für den Schulsport im allgemeinen und aus den Zielsetzungen der Erfahrungs- und Lernbereiche, Arbeitsbereiche oder aus dem Kern- und Ergänzungsbereich ergibt. Sie benötigen eine Planung, mit der ein Rahmen im Sinne einer Orientierung für das zu erwartende Bewegungshandeln der Kinder abgesteckt wird.

Folgende Anregungen sind als Hilfen für die Planung und Durchführung von "Bewegungsthemen" gedacht:

Ein Thema wird festgelegt.
Der Lehrer kann das Thema vorschlagen. Kinder, die diese Art des Sportunterrichts kennen, sind mit zunehmender Erfahrung in der Lage, Vorschläge einzubringen oder selbständig Themen vorzuschlagen. Das Thema wird durch die Zielvorstellung bestimmt. Die Art wie es formuliert und den Schülern vermittelt wird, steckt einen Handlungsrahmen ab, regt die Phantasie der Schüler an und läßt bereits erkennen, in welcher Weise die Kinder sich vermutlich damit auseinandersetzen (z.B. "Sich fortbewegen mit Hilfsgeräten", Akrobatengruppe", "Tanz der Dinosaurier", "Abenteuerspielplatz", "Bewegungsland", "Wunderland", "Inselspringen" ...).

Das Thema muß zur Bewegung auffordern.
Der Lehrer überprüft, ob es ein Bewegungsproblem enthält, das von den Kindern der betreffenden Altersstufe aufgegriffen werden kann.

Die Schüler entwickeln Ideen, wie das Thema gestaltet werden kann.
Hier spielt es eine große Rolle, wie ein Thema vermittelt wird. Die Kinder haben nicht unbedingt spontane Ideen. Manchmal bietet es sich an, das Thema durch vereinfachte Situationen vorzubereiten und es dann in anderen Stunden weiterzuentwickeln (z.B. "Zirkusnummer": In einer Stunde werden mit einer zunächst beschränkten Anzahl von Geräten "Zirkusspiele" ausprobiert).

Die Kinder werden aufgefordert, weitere Ideen zu entwickeln, Zeichnungen, Skizzen anzufertigen, Material zu sammeln, sich Gerätekombinationen auszudenken (Hausaufgabe), um in einer der folgenden Sportstunden in Gruppen eine "Zirkusnummer" erarbeiten zu können.

In vielen Fällen müssen Entscheidungen getroffen werden,
welche Vorschläge verwirklicht werden sollen.
Die Schüler werden an diesem Schritt beteiligt, doch sollte der Lehrer folgende Überlegungen berücksichtigen:

- Welche Bewegungserfahrungen haben die Kinder bereits (vor allem beim Einsatz von Großgeräten)?
- Welche Erfahrungen haben sie im Umgang mit bestimmten Geräten? (Nie unbekannte Geräte erstmals verwenden, denn Planung von Spielsituationen und Bewegungsgestaltung setzen die materiale Erfahrung voraus.)
- Wie selbständig arbeitet die Klasse beim Auf- und Abbau von Geräten?
- Welche Anforderungen an die Kooperationsfähigkeit werden gestellt?
- Welche räumlichen und zeitlichen Voraussetzungen sind zu berücksichtigen?
- Wer beschafft das Material, wie kann man es bekommen?
- Gibt es unvertretbare Sicherheitsrisiken? (Je nach Verhalten und Erfahrung der Klasse müssen auch weitere Geräte aus Sicherheitsgründen von vornherein "ausgeschaltet" werden; z.B. Minitrampolin. Hier muß der Lehrer in besonderem Maße vorausschauend planen.)

Das benötigte Material muß vor der Stunde bereitgestellt werden,
besonders dann, wenn es nicht zur Standardausstattung der Halle gehört (z.B. Kartons, Kreide, Tücher, Klebeband u.a.).

Je jünger die Kinder sind,
desto mehr sind sie bei der Organisation auf die Hilfe des Lehrers angewiesen (Gruppengrößen, Umfang des Geräteaufwandes, Betriebsformen, Raumwege). Aufbauhilfen können z.B. in Form von Skizzen und Plänen vorgegeben werden. Es empfiehlt sich, mit den Kindern zu Beginn der Stunden eine Zeit zu vereinbaren, die für den Geräteaufbau gebraucht werden darf.

Der Unterrichtsverlauf muß antizipiert werden.
Welche Anfangssituation ist geplant, welche Situation könnte folgen? Wie könnte der Unterricht verlaufen? Dieser Plan ist notwendig, der reale Unterricht ist jedoch nie deckungsgleich.

Auf- und Abbau sind keine "verlorene Unterrichtszeit"
sondern Stundeninhalt. Er beinhaltet alle Komponenten von materialer Erfahrung über Bewegungsplanung und Erweiterung des Handlungsrepertoirs bis hin zu vorausdenkender Lösungsfindung.

Der Lehrer muß Lernvorschläge bereithalten.
Eine denkbare Unterrichtssituation wäre: es "läuft" nichts, bzw. nach 10 Minuten haben die Kinder keine Ideen mehr. Nun muß der Lehrer weiterhelfen. Er sollte z.B. behutsam Spielideen anbahnen, offene Aufgaben stellen, selbst mitmachen, usw.

Während des Unterrichts muß der Lehrer die Schüler ständig im Hinblick auf sich anbahnende Gefahren beobachten, bei erhöhter Unfallgefahr müssen Spiel- und Gestaltungsideen "abgebogen" oder sogar gestoppt werden.

Das Einbeziehen der Schüler bei möglichst vielen Punkten der Planung und Entscheidung ist anzustreben (Mitbestimmung bei der Themenstellung und Themenauswahl, Abstimmung untereinander u.a.). Doch können Phantasie und kreatives Verhalten nicht ohne weiteres bei allen Schülern vorausgesetzt werden. Geprägt durch außerschulisches Verhalten (u.a. Fernsehen, Video), müssen viele Kinder aktives Entwickeln von eigenen Ideen erst nach und nach lernen. Außerdem bedarf echte Mitbestimmung einer ganzen Reihe sozialer und personaler Fähigkeiten. Diese entwickeln sich nicht von selbst, sondern erfordern eine gezielte Förderung. Eine behutsame, im Ausmaß auf ganz bestimmte Kinder abgestimmte Führung durch den Lehrer ist demnach auch bei "erfahrungsoffenem Unterricht" notwendig.

Der Aufbau einer Sportstunde

Die bisherigen Überlegungen deuten bereits an, daß eine Unterrichtsstunde keinem starren Schema und keiner Routineeinteilung folgen kann. Beim Aufbau einer Sportstunde werden pädagogische, didaktische, methodische und organisatorische Gesichtspunkte beachtet.
Die häufig empfohlene Dreiteilung: Einleitung, Hauptteil und Ausklang (FETZ 1979, S. 208) hat auch heute noch bei einer inhaltlichen Gestaltung nach physiologischen und psychologischen Gesichtspunkten Bedeutung. Häufig haben Sportstunden auch zwei, drei oder mehr Teile. Es ist daher eine variable Handhabung zu empfehlen. Allerdings von Bedeutung ist, daß diese Teile aufeinander abgestimmt sind, sich in Art, Höhe und Umfang der Belastung ergänzen (SCHRENK u.a. 1985, S. 29) oder durch ein "Bewegungsthema" oder eine "Bewegungsgeschichte" miteinander verknüpft sind. Auf der Grundlage gezielter Beobachtungen des Lehrers, werden aus physiologischen und psychologischen Gründen Anspannungs- und Entspannungsphasen angeboten.

Bei der Konzeption einer Unterrichtsstunde werden für alle Schüler, insbesondere für motorisch enthemmte Kinder, Rituale zu Beginn und zum Abschluß der Stunde Hilfen ausmachen. Diese können sein:
a) Sammeln und Sitzen
– auf dem Hallenboden wie z.B. im Basketballkreis oder
– auf einer Bank, die immer an der gleichen Stelle der Sporthalle steht.

b) Vereinbarte Zeichen
- Klatschen für Sammeln am vereinbarten Ort,
- lauter Ruf oder Pfiff für Gefahr; alle Kinder halten in ihrem Tun sofort inne und schauen zum Lehrer.

Bei Problemsituationen im Verlauf einer Unterrichtsstunde kann zur Besprechung und Problemlösung mit den Schülern auf dieses "gewohnte" Ritual zurückgegriffen werden. Dies gilt auch zur Ankündigung neuer Spiele und Stundenteile.

Entspannungsphasen zwischen sehr aktiven Stundenteilen helfen den Kindern bei der Verarbeitung und Neuorientierung.

Grundsätzlich ist darauf zu achten: Herumstehende Übungsgeräte oder liegengelassene Kleingeräte sollten nicht die Zuwendung und Aufmerksamkeit der Schüler auf sich lenken können. Ein herumliegender Ball oder ein nahe hängendes Seil kann das Bemühen einer gesamten Unterrichtsstunde zunichte machen.

Durch das Ritual "Sammeln und Sitzen" am Ende einer Unterrichtsstunde bietet sich die Gelegenheit, Erreichtes, Gelungenes und in Zukunft noch zu Leistendes, evtl. auch als Vorschau auf die nächste Unterrichtsstunde, als Ausblick mit den Kindern zu besprechen. Möglicherweise kann darauf gelegentlich auch eine kurze Entspannungsphase mit meditativer Musik folgen. Durch diese kann eine Unterrichtsstunde "abgerundet" werden.
Auch kann eine Schlußaktivität ("Wir fahren mit dem Zug", "Gehen als Elefantenkolonne") den Weg zum Umkleideraum strukturieren und ein "Hinaustoben" verhindern.

Entwicklungsförderung

Die besondere Förderbedürftigkeit von Schülern mit Lernerschwernissen ist häufig durch erhebliche Rückstände im Bereich elementarer Lernvoraussetzungen (Wahrnehmung, Motorik, Sozialverhalten) begründet.
Um den dabei oft zugrundeliegenden Störungen der Integration der Sinne zu begegnen müssen Reize für und über alle Sinne angeboten werden. So ist gemäß der Theorie der "Sensorischen Integration" von Jean AYRES die Funktionsfähigkeit und Zusammenarbeit der Nahsinne (vestibuläres, kinästhetisches und taktiles System) von grundlegender Bedeutung für die Aufnahme, Verarbeitung und Wiedergabe von Lernhandlungen durch die höher angesiedelten Fernsinne Sehen, Hören, Riechen und Schmecken.

Deshalb muß das kindliche Wahrnehmungssystem in seiner Ganzheit angesprochen werden und während des Hörens - Sehens - Riechens oder Schmeckens auch vestibulär-kinästhetisch und taktil stimuliert sein. Dadurch werden die Informationen aller Systeme zu einem sinnvollen Ganzen "integriert".

Daher nehmen Arrangements mit Kleingeräten, Materialien und Hilfsmitteln bei der Förderung von Kindern eine herausragende Stellung ein.

"Entwicklungsförderung" in diesem Sinne trägt mit zum Erwerb von Voraussetzungen für das schulische Lernen bei. Wahrnehmung, Phantasie und Gestalten, Miteinander-Umgehen, Sprache und Sprechen, Denkerziehung sowie elementare Bewegungs- und Musikerziehung sind dabei miteinander verwobene Aspekte von Entwicklungsförderung unter ganzheitlicher Sichtweise (vgl. HINZ/STÖPPLER, S. 238).

Der Beitrag zur körperlichen Entwicklung

Zur Förderung der körperlichen Entwicklung sind ständig Reize zu setzen im Hinblick auf Kraft, Schnelligkeit, Ausdauer, Beweglichkeit und Koordination. Schwächen wie Koordinations- und Organleistungsschwächen, mangelnder Bewegungsantrieb, gering entwickelte Spielfähigkeit u.a. sind abzubauen. Ein belastungsarmer oder anregungsarmer Unterricht wirft leistungsschwächere Schüler noch weiter zurück.

Vermittlung von Erfolgszuversicht

Kinder erleben über Bewegung ihren eigenen Körper. Sie machen personale, materiale und soziale Erfahrungen. Die "guten Erfahrungen" (SCHRAAG 1988) motivieren und schaffen Freude am eigenen Entdecken. Es ist eine große pädagogische Herausforderung an den Lehrer, Unterricht so zu arrangieren, daß die Kinder zahlreich diese guten Erfahrungen machen können.
Dabei wissen wir um die Symptomatik von gehemmten und enthemmten Kindern. Sportunterricht kann sich nicht nur auf den "Sportschüler" beziehen, getragen vom C-G-S Denken (cm-g-sec). Ein Unterrichtsverständnis, das sich nur an Stoppuhr, Maßband, Punkten, Bewegungsnormen, Leistungstabellen, Wettkampf und Vergleich orientiert, vermittelt keine Erfolgszuversicht für große Teile unserer Kinder. Es muß uns immer darum gehen, was Bewegung, Spiel und Sport für das Kind und seine positive Entwicklung erbringen kann.
Dabei "darf" jedes Kind leisten, muß seine Leistungen aber nicht mit denen anderer vergleichen, die mit besseren Voraussetzungen ausgestattet sind.

Soziales Lernen

Im Hinblick auf das Zusammenleben mit Gleichaltrigen und die Stellung des Kindes im Klassenverband achtet der Lehrer von Anfang an auf Formen des Umgangs untereinander, der Hilfsbereitschaft, der Rücksichtnahme und der Höflichkeit. Vieles muß "eingeübt" werden.
Dies gilt auch für die verschiedenen Sozialformen des Unterrichts. Kinder sollen Ordnungsregeln als sinnvolle Ordnungen begreifen und mitgestalten lernen.

Personale, materiale und soziale Erfahrungen, die Kinder im Sportunterricht machen, sind neben Individualerfahrungen und sportartbezogenen Erfahrungen insbesondere *Erfahrungen mit dem Partner und mit der Gruppe.*

Mit Partnern mit und ohne Spielgeräte lernen die Kinder, Spielformen zu finden und durchzuführen. Spielregeln werden erkannt, eingehalten und verändert.
Kinder lernen auch im Gelände sich miteinander sportlich zu betätigen, die natürliche Umgebung zu achten und sie sinnvoll in die eigene Lebensführung miteinzubeziehen.
Kinder lernen partnerschaftliches Handeln an und mit Großgeräten. Sachgerechter und selbständiger Auf- und Umbau von Geräten in Gruppen, kurzfristiges und lehrerabhängiges Üben, die Beachtung von Sicherheitsvorkehrungen sowie Rücksichtnahme auf den Mitschüler durch gegenseitiges Helfen, fordern/fördern das Kind in seiner ganzen Persönlichkeit.

Impulse zur Wiederholbarkeit in der Freizeit

Durch die Beachtung von Tätigkeiten, die zur Wiederholung in der Freizeit drängen, werden die Schüler in ihren Umweltbezügen handlungsfähig. Gegenstände und sportliche Handlungssituationen sind so mit positiven Emotionen zu verknüpfen, damit von ihnen Herausforderungen zur Betätigung ausgehen.
In der Familie, mit Kameraden oder Kollegen eine sportliche Tätigkeit mitmachen bzw. sogar initiieren zu können, wird einem im Lernen beeinträchtigen Schüler neue Lebenschancen eröffnen. Darüber hinaus wird mit der Erfahrung, über Sport gesellige Kontakte aufnehmen zu können und bei dieser sportlichen Tätigkeit Spaß und Vergnügen zu erleben, eine Handlungsfähigkeit eröffnet, die eine wertvolle Lebenshilfe ausmachen kann.

4. Anregungen und Beispiele für die Praxis

Spielen und sich bewegen mit "alltäglichen" Materialien

Noch vor einigen Jahren konnten Kinder ihren Bewegungsdrang frei ausleben. Spielraum für sie gab es überall in Gärten, auf Wiesen, im Wald, ja sogar auf den Straßen. Inzwischen schränken häufig viel zu kleine und lärmempfindliche Wohnungen, sterile Spielplätze und gefährliche Verkehrsverhältnisse den Bewegungsraum unserer Kinder immer mehr ein. Viele Erfahrungen können somit von ihnen nicht mehr gemacht werden. Die Folgen sind oft schwerwiegende gesundheitliche und seelische Schäden. Es muß daher ein wichtiges Anliegen sein, den Kindern vielfältige Gelegenheiten anzubieten , bei denen sie frei spielen und experimentieren können.

Kinder haben keine Probleme, sich phantasievoll mit Alltagsmaterial zu beschäftigen, wenn sie in diesem Tun nicht schon zu sehr von uns Erwachsenen eingeschränkt worden sind.

Material aus Haushalt, Werkstatt, Supermarkt ist umsonst zu haben und wird oft genug achtlos weggeworfen. Man kann überall zuhause, im Garten oder auf Wanderungen damit spielen und es außerdem zu sportlichem Tun verwenden. Neben Kreativität werden Sprache, Spontaneität und Selbstbewußtsein gefördert. Daneben werden soziale Verhaltensweisen wie Hilfsbereitschaft, Konfliktbewältigung und Gruppenfähigkeit gestärkt.

Die nachfolgenden Praxisbeispiele sollen Impulse geben und Mut machen, Alltagsmaterialien in der Bewegungserziehung zu verwenden. Viele Beispiele sind auf andere Materialien zu übertragen. Die Kinder machen dann wieder ganz andere, ganz neue Erfahrungen und Entdeckungen.

Zeitungspapier (1)

- Wir bauen uns Häuschen aus Zeitungspapier.(Ein doppeltes Zeitungsblatt wird einmal in der Mitte gefaltet und wieder aufgeklappt. Dann knickt man die beiden äußeren Enden zur Mitte und legt die dabei entstehenden äußeren Viertel übereinander. Es entsteht ein Haus.) Jetzt verteilen wir alle Häuschen im Raum.
- Wir können in den Straßen spazierengehen, hüpfen, laufen, Fangen spielen...
- Wir sind Riesen und können über die Häuser steigen.
- Jetzt gibt es einen Sturm, der bläst die Häuschen vorwärts.
- Unsere Hände sind Bagger und transportieren die Häuser weiter.
- Mit auf dem Boden ausgelegten Zeitungen (eine weniger als Kinderzahl) spielen wir "Reise nach Jerusalem". Jeder sucht sich nach Musikstop einen Platz. Wer keinen Platz findet, gibt ein Pfand.

- Wir überqueren den "Bach" mit Hilfe von 2 Zeitungsblättern. (Auch als Wettspiel möglich.)
- Wir tragen Zeitungen auf verschiedene Weisen:
  auf dem Kopf, auf der flachen Hand, auf dem Handrücken, zwischen den Beinen, auf dem Rücken...
- Wir drücken die Zeitung an den Bauch, laufen schnell und lassen die Zeitung los. Was passiert?
- Wir wedeln mit einem Karton die Zeitung in ein Ziel.
- Wir machen "Schnee". Wir reißen Zeitungsschnitzel. Wir lassen es schneien. Wir blasen die Schneeflocken in ein Ziel.
- Wir reißen eine Zeitungsschlange. Wer hat die Längste?
  Wir laufen durch die Halle und lassen die Schlange flattern.
- Wir legen die Zeitungsschlange auf den Boden und balancieren auf der Schlange.
- Wer kann schon Buchstaben, eine Zahl oder ein Männchen aus Zeitungen reißen?
- Wir knüllen Zeitungspapier und machen Schneebälle.
- Wir machen eine Schneeballschlacht.
- Wir versuchen, in einen Papierkorb, in einen Reifen zu treffen.
- Wir greifen den Papierball mit den Zehen und tragen ihn in ein Ziel.

Bierdeckel (2)

Beginnt man die Stunde offen, indem man die Bierdeckel auf den Boden schüttet, starten die Kinder zumeist damit, in der Menge zu wühlen und sich darin zu wälzen. Der nächste Schritt ist dann das Werfen, zumeist ziellos hoch und weit oder wie ein Frisbee (Werfen auf andere Kinder wird untersagt). Allmählich bricht dann die Sammelleidenschaft aus, und die Kinder fangen an, die Deckel zu stapeln. Oft finden sie sich schnell zu Sammlergemeinschaften zusammen. Daraus entwickeln sich häufig Bau- und Konstruktionsspiele. Es werden “Kartenhäuser” gebaut oder die Bierdeckel wie Mauersteine versetzt gestapelt oder einfach als Begrenzung aneinandergelegt.

Spielideen mit Bierdeckel

- Bierdeckelregen:
  Einzeln: Einen Stapel Bierdeckel über sich hochwerfen und auf den Körper "herunterregnen" lassen.
  In der Gruppe: Wir stehen im Kreis, jeder hat einen Stapel Bierdeckel. Auf ein Zeichen hin werfen wir sie alle hoch und lassen sie auf uns "niederregnen".
- Bierdeckelwerfen:
  Jeder Schüler erhält einen Stapel Bierdeckel. Alle stehen an einer Hallenseite. Auf ein Zeichen beginnen wir, die Deckel einzeln wie Frisbees in die Halle zu werfen. Wie weit können wir die Deckel werfen?

- Zielwerfen:
  Können wir ein bestimmtes Ziel treffen (in ein Kastenteil, eine Markierung an der Wand)? Auf welche Entfernung treffen wir das Ziel noch?
- "Bierdeckelboule":
  Ein Bierdeckel wird in den Raum geworfen. Jeder versucht nun, einen seiner Deckel so dicht wie möglich an den ersten zu werfen.
- Sammelaktion:
  Wie lange brauchen wir, um alle Bierdeckel wieder einzusammeln?
  Variation: Die Deckel müssen in ein umgedrehtes Kastenoberteil gelegt werden. Man darf pro Lauf nur einen Deckel holen.
  Wir wollen alle Bierdeckel, die wir sammeln zu einem großen Turm stapeln. Wie hoch schaffen wir es?
  Wird die Sammelaktion als Gruppenwettkampf durchgeführt, müssen die Parteien ihre Deckel aufeinanderstapeln. Der höhere Stapel gewinnt.
- Balanceakt:
  Einen Stapel Bierdeckel auf Hand, Arm, Kopf, Fuß, Knie balancieren. Wie lange bzw. wie weit schaffen wir es? Können wir dabei auch rückwärts um etwas herumgehen? Wie hoch kann der Stapel zum Balancierensein?
- Bauen mit Bierdeckeln:

  Wir bauen "Kartenhäuser". Schaffen wir mehrere Stockwerke?
  Mauern: Wir legen die Deckel wie die Ziegel einer Mauer versetzt aufeinenander.
  Wir "mauern" einen Turm; im Kreis werden die Deckel wie beim Mauern versetzt aufeinandergelegt.
- "Kartenhausstaffel":
  Jeder Läufer muß zwei Bierdeckel holen, mit ihnen auf einer vorher bestimmten Linie ein Haus bauen, dann zurücklaufen und den nächsten abschlagen.

Spielformen zum Körperschema:

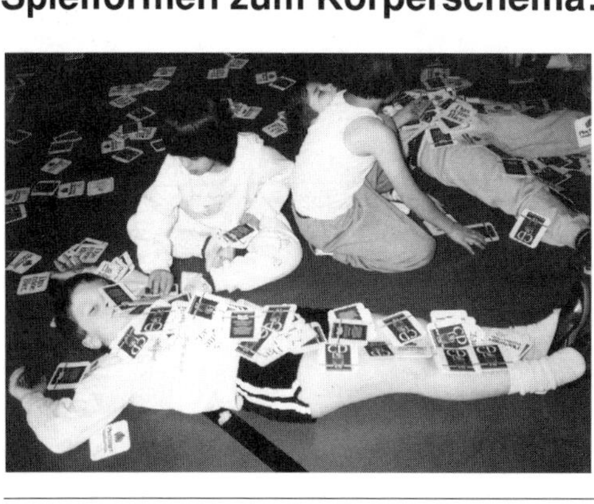

- Mit Bierdeckeln bedecken
  Der entspannt auf dem Rücken liegende Partner wird langsam bei den Füßen beginnend mit Bierdeckeln bedeckt. Die Bierdeckel werden beim Auflegen jeweils leicht angedrückt, um den Berührungsreiz zu verdeutlichen. Das zugedeckte Kind darf dann so lange liegenbleiben wie es ihm gefällt und soll sich dann ganz langsam erheben. Entspannende Musik unterstützt die Wirkung.

- Mit Bierdeckeln verkleben
  Bierdeckel gelten als Klebepunkte, mit denen Körperteile "zusammengeklebt" werden können.
  Bsp.: Man legt einen Bierdeckel auf das rechte Knie des Partners und "klebt" dessen linke Hand darauf; die rechte Hand wird mit der linken Schulter verklebt, usw. Der "Verklebte" muß in dieser Stellung verharren, bis keine weiteren Klebestellen mehr möglich sind.
  Zwei Partner zusammenkleben; wie oben, jedoch werden zwei Kinder mit den Bierdeckeln als Klebepunkte zusammengeklebt.

Hinweis: Neue Bierdeckel in Packen zu hundert Stück kann man oft kostenlos bei Getränkevertrieben und Gaststätten erhalten (Den Bericht eines Kollegen, der behauptet, für jeden der ca. 1000 Bierdeckel, die er für die Kinder zum Spielen besorgt hat, ein Bier getrunken zu haben, halten wir für ein Gerücht!).

Eierlagen (3)

- Wir versuchen Korken, kleine Bälle oder Murmeln in die Lagen zu werfen. Wieviele schaffst du?
- Wir malen ein Wurfspiel mit verschiedenen Feldern. Wieviele Punkte erreichst du? Die Regeln denken wir uns selbst aus.
- Wir schlagen einen oder mehrere Korken oder Bälle hoch und versuchen sie wieder aufzufangen.
- Wir spielen miteinander "Eierball".
  Der Ball darf aufspringen. Der Ball darf nicht aufspringen.
- Natürlich kann man mit Eierlagen auch prima bauen.

Große Kartons (4)

- Wir bauen Häuschen mit Türe und Fenster.
- Wir besuchen uns. Wir klopfen an.
- Platzsuchspiel: Wir tanzen zwischen den Häuschen auf Musik, bei Musikstop schlüpfen wir schnell in unser Haus.
- Wir probieren aus, wieviele Kinder in ein Haus hineinpassen.
- Atomspiel: Bei Musikstop werden Kärtchen mit Zahlen hochgehalten oder Zahlen gerufen.
  Jetzt kann es eng werden.
- Versteckspiel: Wir verstecken uns hinter den Kartons. Wer wird entdeckt, wer kann sich freischlagen?
- Wir bauen einen Riesen-Krabbel-Tunnel. Er wird immer länger.
- Wir bauen ein Auto (Karton und Rollbrett).

Schuhkartons (5)

- Überall in der Halle stehen Schuhkartons.
- Wir "besuchen" alle Kartons und klopfen auf den Deckel.
- Wir springen über die Kartons.
- Wir bauen einige Mauern immer höher und versuchen, über sie zu springen. Jetzt haben wir niedrige, höhere und ganz hohe Mauern.
- Wir versuchen, auf viele Arten darüber zu springen.
- Wir bauen uns eine Sprungbahn.
- Über einen glatten Boden können Schuhkartons gut rutschen.
  Welcher rutscht am weitesten?
  Wir schubsen ihn mit den Händen, wir kicken ihn mit den Füßen.
- Wer trifft durch ein Tor?
- Wir schubsen den Karton und springen über ihn, solange er rutscht.
- Wir versuchen, einen Karton zu öffnen und wieder zu schließen, wenn wir auf dem Bauch liegen.
- Wir versuchen, einen Turm zu bauen, wenn wir auf dem Bauch liegen.
- Wir versuchen, einen "Kartonturm" durch die Halle zu tragen, ohne daß er wackelt oder zusammenstürzt.
- Wir versuchen, im Sitzen den Karton mit den Füßen weiterzugeben.
- Wir stapeln die Kartons so, daß man hindurchschauen kann. Wer kann sehen ,was sein Gegenüber macht?
- Wir zielen mit kleinen Bällen (Murmeln) durch die Lücken.
- Wir versuchen, die Mauer mit Schaumstoffbällen zu treffen und umzuwerfen.
- Wir versuchen, das Gleiche mit einem Turm.
- Wir bauen uns eine Wohnung und spielen darin.
- Wir machen mit den Kartons Musik. Wir singen und trommeln dazu.
  Lied: Rums didel dums...
- Wir bauen lustige Fahrzeuge, Roboter oder Tiere... aus den Kartons mit Hilfe von Klebeband, buntem Papier und Farben.

Seidenpapier (6)

Seidenpapiere eignen sich zum Experimentieren. Damit lassen sich Lösungen von Bewegungsaufgaben (Kunststücke) selbst finden. Bewährt haben sich Papiere in der Größe 20 x 20 cm oder Din A 4.

Beispiele von Erprobungsaufgaben:

- Papier liegt auf der Hand. Gehen im Raum. Die Handstellung erfolgt so, daß das Papier nicht fällt.
- Durcheinander gehen mit dem Seidenpapier.
- Papier mit einer Hand so in der Luft halten, daß es nicht fällt (jonglieren).
- Können wir das Papier mit beiden Händen über dem Kopf halten, loslassen und es mit beiden Händen auffangen?
- Wer will das Papier durch Blasen oben halten?
- Evtl. von Anhöhe aus (Bank, Kasten).
- Alle Schüler laufen durch die Halle. Können wir erreichen, daß das Papier durch den Luftzug irgendwo am Körper "klebt"?

Teppichfliesen (7)

Bewährt haben sich Teppichfliesen in quadratischer Form (ca. 45 cm x 45 cm). Es können aber auch rechteckige Teile, z.B. aus "Musterbüchern", verwendet werden (ca. 50 cm x 30 cm). Fliesen in unterschiedlichen Farben ermöglichen weitere Spielideen.

Erproben von Spielmöglichkeiten mit dem Gerät:

- auf Fliesen stehen, darauf gehen, damit rutschen.

Die Fliese als Markierungshilfe:

- Umlaufen der Fliesen im Raum,
- über Fliesen springen,
- springen und beidbeinig darauf landen,
- auf einem Bein stehen,
- auf einer Fliese hüpfen und verschiedene Aufgaben erfüllen wie in die Hände klatschen, halbe Drehung in der Luft.

Sich mit einer Fliese fortbewegen:

Die Fliese wird umgedreht, d.h. mit der Gummiseite nach oben.

- Die Kinder stehen mit einem Bein darauf und stoßen sich mit dem anderen ab ("Rollerfahren").
- Mit zwei Beinen darauf stehen und vorwärts "hüpfen", "wedeln",
- Seitwärtsrutschen, Rückwärtsrutschen
- Sitzrutschen,
- darauf liegen und sich vorwärts schieben.

Transportaufgaben mit Fliesen:

- Die Fliese wird zwischen die Beine geklemmt.
  Können wir damit aufrecht hüpfen, hüpfen wie ein Hase?

Fortbewegen mit dem Partner:

- Schieben und ziehen im Sitzen,
- den auf der Fliese sitzenden Partner drehen,
- Pferd und Wagen: Das Kind hockt mit beiden Beinen auf der Fliese und hält in der Hand ein Sprungseil. Der Partner faßt die Enden des Sprungseiles und zieht das Kind durch die Halle: geradeaus, dann in Kurven. Die Spielform kann auch im Knien durchgeführt werden.

Mit geschlossenen Augen die im Raum ausgelegten Fliesen ertasten:

- Mit den Händen, Füßen.
- Die Kinder können sich dazu auch einen "Zaubersack" aus Stoff über den Kopf stülpen. Dieser kann von den Kindern rasch selbständig wieder heruntergezogen werden (Unsicherheit, Furcht). Von der Verwendung von "festen" Augenbinden ist abzuraten.

Unterschiedliche Figuren mit Fliesen auslegen,

- sich die Figur einprägen und mit geschlossenen Augen nachtasten oder nachgehen.

Bewegungsgeschichte:

In einem Märchen müssen Aufgaben erledigt werden. Ein Bach ist zu überqueren. Die Teppichfliesen können als "Steine" benutzt werden. Drei Kinder nutzen ihre Fliesen gemeinsam. Ein breiter Fluß muß überwunden werden. Die Kinder entwickeln Lösungsstrategien (Kooperationsaufgabe).
Weite Wege werden mit "Pferd und Wagen" zurückgelegt. "Berge" (an Sprossenwand eingehängte Langbänke bilden eine Schiefe Ebene) können hinuntergerutscht werden usw.

Bänder (8)

Es eignen sich alle möglichen bunten Bänder: Seidenband, Geschenkband, Baumwollband, Schrägband... in allen Längen. Sammeln lohnt sich, da dieses Material sehr teuer ist, wenn man es kaufen muß. Spiele mit bunten Bändern regen besonders das ästhetische Empfinden unserer Kinder an, da Spiele mit dem Band sehr "schön" anzusehen sind. Bänder sind auch geeignet, in Tänze eingebaut zu werden.

Übungsbeispiele:

- Wir gehen, laufen, hüpfen mit den Bändern in der Hand.
  Wir halten sie hoch, schwingen oder ziehen das Band hinter uns her.
- Wir drehen uns mit Bändern.
- Lange Bänder halten wir in der Mitte, dann haben wir zwei Enden.
- Die Bänder sind Schlangen. Sie bewegen sich vorwärts, ruhen sich aus, kriechen nebeneinander, tanzen.
- Wir hören, was man mit den Bändern gerade macht. Welche Geräusche sind zu hören?

Feinmotorische Fertigkeiten üben:
(Knoten- und Schleifenbinden, Flechten, etwas festbinden)
- Wir binden uns ein Band um das Bein; wir versuchen auch eine Schleife.
- Wir binden der Puppe, dem Teddy, dem Partner überall Schleifen in die Haare, an das Handgelenk, um den Bauch, auf den Rücken...
- Wir fesseln den Partner.
- Wir packen ein Päckchen.
- Wir wickeln das Band auf.

Bänder können auch gut zur Sprungschulung verwendet werden:
- Wir spielen Pferdchen. Der Kutscher lenkt.
- Wir bauen mit den Bändern eine Hürdenbahn (hoch-tief).
- Wir kriechen unter den Bändern durch.
- Wer kann mit den Bändern Seilspringen ?

Bänder können auch eine Erweiterung des Erstleseunterrichts sein.
- Wir legen verschiedene Formen wie Dreieck, Viereck, Kreis, Blumen, Tiere, Männchen...
- Wir legen Buchstaben, Wörter.
- Wir gehen die gelegten Formen ab, wir fahren sie mit der Hand, mit dem Finger nach.

Baustellenabsperrband (9)

Das Baustellenband eignet sich als Hilfsmittel zur Verwendung beim Sport und Spiel in vielen Bereichen. Sehr kostengünstig in der Anschaffung können so optisch gut sichtbare und ungefährliche Hindernisse aufgebaut, Spielbahnen und Spielfelder abgegrenzt werden.
Baustellenabsperrbänder erlauben es, in kurzer Zeit Räume in der Sporthalle oder im Freigelände entsprechend der Aufgabenstellungen neu zu gliedern.
In vielen Fällen ermöglichen Baustellenbänder eine Einteilung der Halle in Spielstreifen und somit das gleichzeitige Spiel aller Kinder bei hoher Bewegungs- und Übungsintensität.Markierungen von Zielen an Wänden, Markierungen auf dem Boden sind weitere Beispiele der Anwendung.Als günstig erweist sich auch das Legen von Buchstaben und Zahlen mit Baustellenband innerhalb psychomotorischer Übungen und Spiele.Wenige senkrecht hängende Bandteile machen aus einer Zauberschnur einen schnell herzustellenden und vor allem viele Varianten ermöglichenden Netzersatz, der bei Kleinen Spielen und Grundformen von Sportspielen verwendet werden kann.

a) Spielfeldabtrennungen als Ideen für Spielhandlungen
- Ball unter die Schnur
- Ball über die Schnur
- in der Sporthalle: mit Wasserball, Luftballon, Volleyball, Medizinball
- im Wasser: mit dem Wasserball, Luftballon, Gymnastikball)
- Badminton unter leichterten Bedingungen
- Indiaka

b) Spielfelder für "Ball in die Bandgasse"
Die Verwendung von Bandgassen haben sich beim Basketball - Wurftraining sehr bewährt. In der gewählten "Korbhöhe" simuliert ein im Abstand des Basketball-Korbdurchmessers (45 cm) gespanntes Baustellenband den Zielkorb. Als Spiel im Rahmen einer Spielreihe zur Hinführung zum Basketballspiel ist es bei den Kindern beliebt. Ein "Korbtreffer" (Punkt) ist erzielt, wenn der Ball von oben durch die Gasse zwischen Band und Wand fällt.

c) als "Parteiband" für Spiele im Wasser

d) in komplexen Spielsituationen

- zur Gestaltung von Elementen in Bewegungsgeschichten (Haus, Treppe...);
- zur Markierung von Laufwegen, "Fahrbahnen";
- zur Vorgabe von Wegen durch eine Gerätelandschaft (immer dem Band nach)
- als Spielmaterial an sich: ein Stück Band wird zum Stirnband für Indianer, zur Augenklappe für Piraten, zum Gürtel... .

Wäscheklammern (10)

- Ratespiel: Was habe ich in den Karton eingepackt?
  Wo sind viele? Wo sind wenige? Wir sortieren.
- Wir machen die Kartons auf! Wer hat richtig geraten ?
- Klammern sind mit anderen Gegenständen unter einem Tuch versteckt.
  Wir versuchen, die Klammern zu ertasten.
- Wir packen die Klammern in ein Leintuch.
  Wie klingt es, wenn wir den Sack schütteln? Vergleich mit den Kartons.
- Wir fassen alle an einer Seite des Tuches an und lassen die Klammern auf die Reise gehen.Es darf keine herunter fallen.
- Spiel "Reise nach Jerusalem":
  Die Klammern liegen auf dem Tuch. Die Kinder reisen um das Tuch (Tamburin, Musik). Bei Stop darf sich jedes Kind eine (mehrere) Klammer holen.
  Nach Farbkarte, nach Mengenkarte, Kombination...
  Die Füße dürfen das Tuch nicht betreten.
  Du darfst die Klammern nicht ablegen...
- Wir klammern alle an die Seiten an. Willkürlich, nach Farbfolgen...
- Wir bauen Figuren mit Klammern; allein, mit Partner, in der Gruppe.
- Wir hängen Wäsche auf.
- Aufräumspiel: Wir sortieren nach Farben benennen, zuordnen...

Leere Konservendosen (11)

- Wir machen mit den Dosen Musik. Wir tippen mit den Fingern, schlagen mit der Handfläche, dem Handrücken oder der Faust auf die Dose. Was hörst du?
- Wie klingen kleine Dosen, wie klingen große Dosen?
- Wir schlagen einmal auf die Dose, wenn sie auf der Erde steht oder wenn wir sie vor dem Bauch tragen. Kannst du den Unterschied hören?
- Wir begleiten uns beim Singen, Gehen oder Laufen auf der Trommel.
- Wir rollen die Dose, lassen sie tanzen oder drehen sie um die eigene Achse. Hörst du die Geräusche?
- Kannst du mit geschlossenen Augen hören, was die Dose macht?
- Kannst du mit geschlossenen Augen zeigen, wohin die Dose rollt?
- Kannst du mit geschlossenen Augen dorthin gehen, wohin die Dose gerollt ist.
- Wir versuchen, die Dose geradeaus zu rollen.
- Wir versuchen, die Dose so anzuschubsen, daß sie einen Kreis macht.
- Wir spielen Fußball.
- Wir können über Dosen steigen, laufen, hüpfen, balancieren.
- Wir bauen eine Dosenreihe auf und laufen im Slalom herum, auch rückwärts, ohne die Dosen zu berühren.
- Wer kann über 2, 3... hintereinandergestellte Dosen springen?
- Wie können wir mit 2 oder 3 Dosen einen Bach überqueren, ohne naß zu werden (ohne abzusteigen)?

Neue Spielideen können von den Kindern entwickelt werden, wenn man z.B. noch Bretter in verschiedenen Längen und Breiten mit den Dosen kombiniert (balancieren, überlaufen, überspringen, kriechen...).

Filmdöschen (12)

Filmdöschen sind in Photogeschäften als Abfallmaterial erhältlich und variationsreich im Unterricht einzusetzen. Zum Sammeln von kleinen Gegenständen, zum Geräuschemachen, zur Farbschulung (durchsichtige Döschen, entsprechend angemalt oder gefüllt); im Bereich Mathematik in Verbindung mit Knöpfen oder Holzperlen.
Im Sportunterricht können sie mit folgenden Zielsetzungen eingesetzt werden: Verbesserung des statischen Gleichgewichts, der visuellen Wahrnehmung, des Bewegungsgefühls / Geschicklichkeit, der Reaktion und Anpassung, der Orientierung sowie der Bewegungserfahrung Material und Körper.

Beispiele:

Filmdöschen werden in der Halle verteilt aufgestellt,
- zwischen den Döschen gehen, hüpfen, laufen, springen, u.a.
- Abstände verkleinern. Fällt ein Döschen um, soll dieses auf einem Bein stehend wieder aufgestellt werden.
- das Gleiche mit Partner (zu zweit gehen, zu dritt vorwärts, rückwärts gehen)
- mit geschlossenen Augen durch die Döschen gehen (ein Partner führt, evtl. mit Masken oder verbundenen Augen).

Zur Verbesserung der akustischen Wahrnehmungsfähigkeit eignen sich Döschen, die mit verschiedenen Materialien gefüllt werden: Reiskörner, Perlen, Glöckchen, Steinchen.
Beispiele:
a) zu zweit: Ein Partner folgt mit geschlossenen Augen dem Geräusch seines Partners.
b) Partner wird durch den "Wald" geführt. Döschen sind in der Halle verteilt.
c) Geisterbahn
In einem abgedunkelten Raum wird ein Dosenparcours aufgebaut, der auch mit Laufdollis bzw. Rollbrettern durchlaufen werden kann. Als "Geister" fungieren Schachteln mit "unheimlichem" Inhalt. In diese Schachteln müssen beide Hände gesteckt werden und das Material befühlt werden. Der Gegenstand, der in der Schachtel liegt, soll erraten werden. Die "Geisterschachteln" können durch Piktogramme gekennzeichnet werden, die dem Schüler die Aufgabenstellung erläutern.
Neben diesem Abtasten von "gruseligen" Alltagsmaterialien in den Fühlkästen können auch Schaukästen aufgestellt werden. Diese können Detailaufnahmen von Alltagsgegenständen enthalten, die von den Schülern erraten werden sollen. Eine weitere Möglichkeit wären Rätsel mit "Optischen Täuschungen".
Das Erkennen von typischen Geräuschen, die durch einen Kassettenrekorder oder per Schallplattenspieler eingespielt werden, kann die "Geisterbahn" interessanter machen.

"Fuß-Stapfen"(13)

“Fuß-Stapfen” lassen sich leicht selbst herstellen, sind aber auch über den Fachhandel zu beziehen.
Mit einer Pappschablone kann man die "Fuß-Stapfen" aus PVC-Bodenbelägen, Kunstlederabfällen, Teppichbodenstücken oder Filz selbst zuschneiden. Die Größe sollte etwa bei Schuhgröße 33 - 36 liegen.
Die Einsatzmöglichkeiten des "Fuß-Stapfen" sind sehr vielfältig und motivieren die Schüler zum selbstständigen Erfinden und Variieren von Spiel und Bewegungsideen. Außerdem können die "Fuß-Stapfen" auch als Orientierungshilfe, Wegmarkierungen oder Absprungpunkt im Sportunterricht Einsatz finden.

Beispiele für die Praxis:

Die "Fuß-Stapfen" werden in der Halle verteilt, die Schüler bewegen sich frei (gehen, laufen, hüpfen) mit Tamburinbegleitung oder Musik in der Halle. Auf ein akustisches Signal sollen die Schüler zwei passende "Fuß-Stapfen" einander zuordnen und sich darauf stellen.

- Wer steht zuerst richtig!! auf einem "Fuß-Stapfenpaar?
- Wer kann beide "Fuß-Stapfen" überspringen?

Auf ein optisches Signal (Farbkarte) soll das entsprechende "Fuß-Stapfenpaar" gefunden werden. Die Schüler sollen sich darauf stellen.

- Wer kann auf einem Bein stehen wie ein Flamingo?
- Wer kann mit dem linken (rechten) Bein einen "Fuß-Stapfen" berühren (mit dem Ellbogen, Knie, Hand, Nase etc.)?

Kombination: Optisches und akustisches Signal z.B. Farbkarte rot = linkes Bein, blau = rechtes Bein.
oder: Farbkarten und Zuruf: linkes Bein oder rechtes Bein.
Wer kann die Aufgabe lösen?

Durch den hohen Aufforderungscharakter motivieren die "Fuß-Stapfen" zum Finden und Erproben selbstausgedachter Bewegungs- und Spielsituationen. Die nachfolgenden Beispiele wurden in der 3. und 4. Klasse selbst entwickelt.

Fangspiele:

- Der Fänger versucht seine Mitschüler abzuschlagen. Die Mitschüler dürfen die "Fuß-Stapfen" als Freimale benutzen.
  Variation: Der Fänger bestimmt durch Rufen einer Farbe oder einer Eigenschaft die "Fuß-Stapfen", die als Freimale benutzt werden dürfen (z.B. nur gelbe, nur flauschige, nur kratzige).

Schlittschuhfahren:

- Die "Fuß-Stapfen" werden als "Schlittschuhe" benutzt, und mit ausholenden Schritten werden Raumwege erkundet.
- allein, zu zweit, zu dritt
- Schlittschuhfahren auf Linien vorwärts und rückwärts (Richtungsimpulse durch Farbkarten)

Schatzsuche:

- "Fuß-Stapfen"spuren führen zu einem Schatz. Botschaften sind unter "Fuß-Stapfen" gleicher Farbe versteckt.
- dabei: Springen von "Fuß-Stapfen" zu "Fuß-Stapfen", nicht den Boden berühren.

Bergtour:

- Durch ein Gebirge (Gerätelandschaft) ist mit den "Fuß-Stapfen" eine ""Fuß-Stapfen"spur" gelegt. Alle versuchen, das Gebirge zu überwinden, indem sie der ""Fuß-Stapfen"spur" folgen.

Staffeln:

Zwei, drei oder mehr Gruppen mit gleicher Mitgliederzahl stehen hintereinander. Jede Gruppe hat 3 "Fuß-Stapfen" gleicher Farbe, die wechselweise aneinandergelegt werden, um eine bestimmte Wegstrecke zu überwinden. Der Rückweg sollte gelaufen werden.

Überspringen der "Fuß-Stapfenpaare"

Ausgelegte "Fuß-Stapfen"paare sollen überhüpft werden (Variation, beidbeinig, links-rechts), um eine bestimmte Distanz zu überwinden.

"Fuß-Stapfen-Straße"

Mit "Fuß-Stapfen" aus unterschiedlichen Materialien (Filz, Teppichfliesen, Samt, PVC, etc.) wird eine Straße gelegt. Diese Straße führt zu Materialien, die mit geschlossenen Augen erraten werden müssen. Auch hier sind Alltagsmaterialien einsetzbar. Eine

große Vielfalt von Materialien macht diese Straße besonders interessant. Besonders bewährt haben sich: Styroporflocken, Schaumstoffe, Sand, Kies oder Waschbetonplatten, Schleifpapier unterschiedlicher Körnung, Kunststoff- und Alufolie, Watte, Fellreste, Isoliermaterial, Laub, Wärmflasche, Eiskugelbeutel.
Ziel dieser "Fuß-Stapfen-Straße" ist die bewußte Wahrnehmung unterschiedlichster Materialien. Selbstverständlich sollte die "Wanderung" barfuß und mit verbundenen Augen bewältigt werden.
Die Hilfe eines Partners, der führt und die Materialvermutungen bestätigt oder bei Nichterraten die Lösung bekanntgibt, ist notwendig.

Spinnerei-Garnrollen (14)

Im Mittelpunkt stehen Garnrollen aus Spinnereien, die dort als kostenlose "Abfallprodukte" bezogen werden können. Von diesen Garnrollen (in "Hütchenform") können vielerlei Impulse für Spielideen ausgehen. Etwa 100-150 Stück genügen für eine Ausstattung. Ein Sortiment in verschiedenen Farben regt die Phantasie der Kinder besonders an.
Mit der Frage "Können wir die Hütchen über die ganze Halle verteilt aufstellen?" wird für die Schüler eine Grundsituation geschaffen, welche einen Handlungsrahmen absteckt, zugleich die Art der Auseinandersetzung erkennen läßt und die Phantasie anregt.

Ideen der Kinder für Bewegungsaufgaben und Bewegungsgeschichten werden aufgegriffen, gemeinsam erprobt und weiterentwickelt.

Selbstgefundenes und Selbsterfundenes einer Gruppe regt zu einer intensiveren Beschäftigung an.
Auf diese Art und Weise entwickelten Schülerinnen und Schüler einer Sportgruppe aus den Klassen 4 und 5 folgende

Spielideen:

- Wer kann durch das Labyrinth gehen?
- Wer kann alle "Hütchen" umlaufen, ohne anzustoßen oder eines umzuwerfen?
- Gelingt dies mit einem Partner (hintereinander, mit Handfassung, mit Hüftfassung)?

Einen Partner führen
- Kann ein "Blinder" durch das Labyrinth geführt werden?

Stoßstange:
- In Hüftfassung wird Partner verantwortungsvoll durch den Irrgarten geführt. Der Partner hebt die Hände zur "Stoßstange".

Autofahren:
- a) Autos bewegen sich durch die "Straßen". Eine vom Lehrer hochgehaltene Farbkarte (rot, grün) übernimmt die Funktion einer Verkehrsampel.
- b) Erster Gang, Zweiter Gang, Dritter Gang, ... Rückwärtsgang, Leerlauf
  Mit Hilfe eines optischen Signals (Karte mit Ziffer) oder mit einem akustischen Signal (Ballonhupe) wird der "Gang" des "Fahrzeugs" vorgegeben.

Ein Tamburin unterstützt die "Ausflüge" durch den Irrgarten.
- Auf Zuruf einer Farbe suchen die Kinder ein entsprechendes Hütchen auf und setzen sich daneben.
- Variation: Statt des Zurufs wird eine Stimmpfeife verwendet. Ein hoher Ton bedeutet, sich neben einem Hütchen einer hellen Farbe (z.B. gelb), ein tiefer Ton neben einem Hütchen in einer dunklen Farbe (z. B. schwarz) zu setzen.

Schatz suchen:
- Unter fünf "Hütchen" befindet sich ein "Schatz". Dafür wurde auf der Innenseite jeweils ein Bild eines Schmuckstücks eingeklebt. Wer findet einen Schatz? Einbezug von weiteren Geräten und Fahrzeugen.
- Wer kann den Irrgarten mit einem Rollbrett durchfahren?
- Mit einem Lauf-Dolli/Stelzen durchwandern?

Hütchen sammeln:
- Ein Spielleiter würfelt mit einem großen Schaumstoffwürfel. Die Augenzahl bestimmt die zu sammelnden Hütchen.
  Variation: Alle in der Halle stehenden Hütchen werden nach der vorgegebenen Menge gesammelt und gestapelt.
  Danach werden mit diesen Hütchen Bewegungsaufgaben-Ketten gelöst wie z.B.: Berühren der Stirnwand, durch einen Tunnel aus Kastenteilen kriechen, über eine Langbank springen und schließlich im Basketball-Mittelkreis absitzen.

Hütchen stapeln und balancieren.

Farben sammeln (eignet sich zum Abschluß)
- Wir sammeln rote "Hütchen". Wer sammelt die meisten?
- Anschließend folgen Sammelaufgaben für die anderen Farben.
- Die Schüler zählen ihre Hütchen selbst.
  Variation:
  a) Die Aufgabenstellung kann auch durch Farbkarten oder mit einem Würfel und entsprechenden Vereinbarungen erfolgen.
  b) Eine Farb-Reihenfolge der Hütchen wird vereinbart, z.B. 1 gelbes, 1 blaues, 1 rotes Hütchen, ...

Transportstaffel
Zwei Parteien "im Rudel" transportieren nebeneinander aufgestellte Hütchen (ca. 70 Stück) von einer Matte auf eine andere.

Pro Transportlauf darf nur ein Stück mitgenommen werden.
Zeitvorgabe: z.B. 1 Minute. Welche Gruppe befördert die meisten Hütchen?

Die schnellsten Transporteure
Die Schüler werden in drei Gruppen aufgeteilt. Drei Matten liegen in den Ecken eines gleichseitigen Dreiecks. Auf jeder Matte stehen etwa 30 Hütchen.
Jede Gruppe versucht, eine möglichst große Zahl von Hütchen im Uhrzeigersinn auf die nächste Matte zu befördern. Es darf pro Lauf nur ein Stück mitgenommen werden. Welche Gruppe besitzt nach einer Zeitvorgabe die meisten Hütchen?

Weitere Materialien, die sich zum Bauen und Spielen eignen: (15)

Folgende preiswerte Materialien eignen sich ebenso für Bewegungsspiele im Zimmer, in der Turnhalle oder im Freien
- verschieden große Schachteln
- Schwämme
- Korkquader
- Schaumstoffwürfel
- Bauklötze aus Holz oder Plastik
- Wattebäusche
- Plastiksäcke
- Yoghurtbecher/Plastikschüsseln
- Bierdeckel
- Papprollen lang/kurz
- Plastikhütchen/Spulen
- Rundhölzer / Kanthölzer
- Tücher
- Seidenpapier
- Papiertüten
- Korken

und ...
Viele dieser Materialien lassen sich miteinander kombinieren und schaffen somit neue Erfahrungen.

Fahrgeräte

Rollbrett (16)

Als vielseitiges "Bewegungsgerät" hat sich in den letzten Jahren das Rollbrett im Sportunterricht einen festen Platz erobert.
Die physiologischen Reize mit ihrer positiven Wirkung auf den Halteapparat sind wohl unbestritten, aber auch die sensorischen Entwicklungsreize, wie sie insbesondere AYRES ("Bausteine der kindlichen Entwicklung". 1984. S. 201 - 205) hervorhebt, machen dieses Gerät in der Förderung von bewegungsbeeinträchtigten Kindern unentbehrlich.

Dabei ist es nicht nur das bloße Fahren auf dem Brett, das dieses Medium prädestiniert, sondern und vor allem die schier unerschöpflichen Variations- und Kombinationsmöglichkeiten mit anderen Materialien/Geräten und Situationen.

Deshalb soll im folgenden versucht werden, von den Fahrmöglichkeiten mit dem Rollbrett über die Kombination mit anderen Geräten und Materialien zu immer komplexeren Situationen, in denen das Rollbrett nur noch "mit" eingesetzt wird, die vielfältige Anwendbarkeit aufzuzeigen.

Was ist ein Rollbrett?

Eigentlich ist das Gerät den "Möbelpackern" entliehen und dient dem Transport schwerer Gegenstände.
Es ist ein Brett ca. 60x40 cm mit vier beweglichen Rollen darunter.
Die Rollen verdienen besondere Beachtung. Leider werden im Sportartikelhandel zumeist Rollbretter mit kleinen Rollen angeboten. Dies hat zwar den Vorteil, daß der Schwerpunkt ziemlich tief liegt und ein Umkippen somit vermieden wird.
Allerdings verbinden sich damit einige Nachteile. Auf elastischen insbesondere den punktelastischen Böden von Turnhallen rollt das Brett nur schwer und bei starker Belastung durch mehrere Kinder oder durch Geräte oft gar nicht mehr.
Das Befahren von auch nur kleinen Unebenheiten, Hindernissen oder das Herunterfahren über Rampen, die nicht ganz eben sind (siehe Kombinationen mit Geräten), wird erschwert oder unmöglich.
Außerdem kommt es bei "Rollbrettanfängern" insbesondere beim Fahren in Bauchlage immer wieder zum Überfahren der Finger, was bei kleinen harten Kunststoffrollen schmerzhaft und verletzungsgefährdend ist, bei großen Gummirollen aber kaum etwas ausmacht.
Somit wären Rollbretter mit großen Gummirollen (Durchmesser der Rollen 7 - 10 cm) zu empfehlen. Besonders zu empfehlen wäre die Lösung, die der Hersteller des Basis-Brett-Systems auf unseren Rat hin aufgenommen hat:
Drehbare Doppelrollen, mit Gummiprofil mit 7cm Durchmesser. Die Doppelrollen verhindern jeglichen Reibungswiderstand beim Kurvenfahren und vergrößern die

Lauffläche, so daß die Rollen auf elastischen Böden nicht mehr einsinken.
Trotz der relativ problemlosen Anwendung muß auf einige Gefahren im Umgang mit dem Rollbrett hingewiesen werden.
In der Unterrichtspraxis haben sich drei "Verkehrsregeln" bewährt:
Nie auf das Rollbrett stehen (Ausnahme siehe: Basis-Brett-System mit Aufbauten), da die vier drehbaren Rollen ein Ausbrechen des Brettes in jede Richtung ermöglichen, und es somit kaum zu kontrollieren ist.
Das Rollbrett darf nie führerlos alleine durch den Raum fahren (Ausnahme speziell geschaffene Situationen, in denen das Rollbrett leer zugeschoben wird).
Man darf nur so fahren, daß man jederzeit anhalten kann.
Bei Verstoß drohen "Entzug der Fahrerlaubnis" und Verbannung zum "Fußgängertum", bis sichergestellt ist, daß die Regeln beachtet werden.
Auch sollte das Verhalten in Gefahrensituationen bei der Einführung des Geräts geprobt werden:
Bei einem unvermeidlichen Zusammenstoß gilt es, möglichst alle Körperteile auf das Brett zu bringen, nicht zu versuchen, den Zusammenstoß abzufangen. Hände weg vom Brettrand, Füße hoch; die Bretter, nicht die Körper zusammenstoßen lassen.
Zur Vermeidung von Verletzungen bei einem Aufprall auf eine Wand sollte auch das Absteigen, Herunterfallenlassen vom Brett vor dem Aufprall gezeigt und geübt werden.
Übrigens lassen sich zu wilde und schnelle Fahrten dadurch bremsen, daß im Raum Hindernisse aufgestellt werden, die ein hohes Beschleunigen durch Rennen und dann auf das Brett Aufspringen verhindern.

Fahrmöglichkeiten mit dem Rollbrett

Ein Kind ein Rollbrett

- kniend, die Hände schieben seitlich vom Brett
- Langsitz, die Hände schieben seitlich vom Brett
- sitzend, die Beine stoßen, dadurch fährt man rückwärts
- dto., Abstoß von der Wand, rollen lassen
- sitzend, die Beine ziehen vorwärts
- Schneidersitz, die Hände schieben seitlich
- Bauchlage, die Hände schieben seitlich
- dto., Abstoß mit Beinen oder Händen von der Wand, rollen lassen
- Rückenlage, die Beine stoßen, dadurch fährt man rückwärts
- dto., Abstoß von der Wand, rollen lassen
- Kreiseln: durch seitliches Abstoßen mit den Händen in Bauchlage läßt sich das Brett in Rotation auf der Stelle versetzen. VORSICHT: Genügend Abstand zu den anderen.

Zwei Kinder ein Rollbrett:

- sitzend, Partner schiebt von hinten am Brett, an den Schultern
- sitzend, Partner zieht an den Händen, geht dabei vw. oder rw.
- sitzend, Partner zieht mit Seil oder Stab
- beide sitzen nebeneinander, stoßen oder ziehen mit den Beinen vw. o. rw.
- beide sitzen Rücken an Rücken, schieben oder ziehen mit den Beinen
- Sitzen auf dem Brett, Rücken an Rücken, mit den Beinen in kreisende Bewegung versetzen.

- kniend, Partner schiebt am Brett oder Rücken oder Schulter
- kniend, Partner zieht an den Händen, geht dabei vw. oder rw.
- kniend, Partner zieht mit Seil oder Stab
- beide knien auf dem Brett nebeneinander und ziehen mit den Händen
- beide knien Rücken an Rücken und ziehen/schieben mit den Händen
- Bauchlage, Partner schiebt an den Beinen
- Bauchlage, zieht an den Armen
- Bauchlage, Partner zieht mit Seil oder Stab
- Bauchlage, sitzt auf dem Rücken des Liegenden
- Rückenlage, Partner zieht oder schiebt wie bei Bauchlage
- sitzend, kniend, Bauchlage, Rückenlage, und der Partner hält an Händen oder Füßen und dreht das Kind auf dem Rollbrett um sich herum. VORSICHT: Abstand zu den anderen, zu Geräten, zur Wand!
- sitzend, kniend, Bauchlage, Rückenlage, und der Partner läßt das Kind auf dem Brett kreiseln.

Zwei Kinder zwei Rollbretter:

Laster mit Anhänger:

- Beide in Bauchlage, der "Anhänger" hält sich an den Beinen des "Lasters", der mit den Armen den Laster in Bewegung setzt. Oder der "Anhänger" nimmt die Füße des Vorderen auf die Schultern und arbeitet mit seinen Armen mit.
- Beide sitzen vis-à-vis auf den Brettern. Die Zugmaschine hat die Füße auf dem Boden, um sich rückwärts zu stoßen und zieht den "Anhänger" an den Händen gefaßt mit.
- dto mit Seil

Karussell:

- Beide sitzen oder liegen bäuchlings auf dem Brett, fassen gegenseitig beide Hände und versetzen sich durch abwechselndes Anziehen der Arme in kreisende Bewegungen.
- Karussell wie oben mit Seil
- Sitzen auf den Brettern, Rücken an Rücken, mit den Beinen in kreisende Bewegung versetzen.

Rollbrettfahren in der Gruppe, je Kind ein Rollbrett:

- Zug: Alle Bretter hintereinander, die Kinder halten sich in Bauchlage auf ihren Brettern liegend an den Füßen des Vordermannes. Der L./ein Kind zieht den ersten Wagen an den Händen oder mit einem Seil im Rückwärtsgehen.
  Oder die Waggons nehmen die Füße des Vorderen auf die Schultern und arbeiten mit. So kann sich der Zug alleine bewegen.

- Karussell: Jeder nimmt die Füße des Vorderen auf die Schultern. Mit den Armen setzen alle zusammen das Karussell in Bewegung.

Kombination Rollbrett mit anderen Geräten/Materialien.

Rollbrett und Langbank:

- Auf drei Rollbretter wird eine umgekehrte Bank gelegt. So entsteht ein langer Bus, in den viele Kinder passen. Der Bus kann durch ein Kind, das schiebt oder durch Schieben mit den Beinen der Fahrgäste bewegt werden.

Rollbrett und Kastenoberteil:

- Ein Kastenoberteil umgekehrt auf zwei Rollbrettern ergibt ein Boot für mehrere Kinder. Das Boot kann von außen geschoben oder gezogen werden oder von den Insassen mit Stäben (mit Gummipfropfen) in Bewegung gesetzt werden.

Rollbrett und kleiner Kasten:

Das kleine Kästchen umgekehrt auf einem Rollbrett ergibt ein kleines Boot, das wie das große bewegt werden kann.

- Mehrere kleine Kästchen auf Rollbrettern mit Seilen verbunden ergeben einen Zug mit Waggons.

Rollbrett und Turnmatte:

- Vier Rollbretter unter einer Turnmatte werden zu einem großen Fahrzeug, auf das viele Kinder passen. Das Fahrzeug kann dann durch die Mitfahrer oder durch Helfer vielfältig in Bewegung gesetzt werden.

Rollbrett und Weichbodenmatte:

- 6 bis 8 Rollbretter lassen eine Weichbodenmatte zu einem großen Fahrzeug werden, auf dem alle Kinder gemeinsam durch die Halle fahren können oder Karussellfahren können.

Rollbrett und Einerpedalo:

- In Bauchlage auf dem Rollbrett wird ein Einerpedalo mit den Händen bedient zum "Motor".
- Wird das Einerpedalo mittels der Longe am Rollbrett befestigt, kann der Motor auch mit den Füßen angetrieben werden.

Rollbrett in Gerätearrangements:

Durch Arrangements aus Turnhallengeräten lassen sich interessante Landschaften zum Fahren mit dem Rollbrett gestalten.

Kleine Brücke:

- Zwei normale Sprungbretter werden gegeneinandergestellt zu einer kleinen Brücke.
- Mittels eines Sprungbrettes kann man eine Auffahrtsrampe auf eine Bahn aus Turnmatten bilden.

Tunnel:

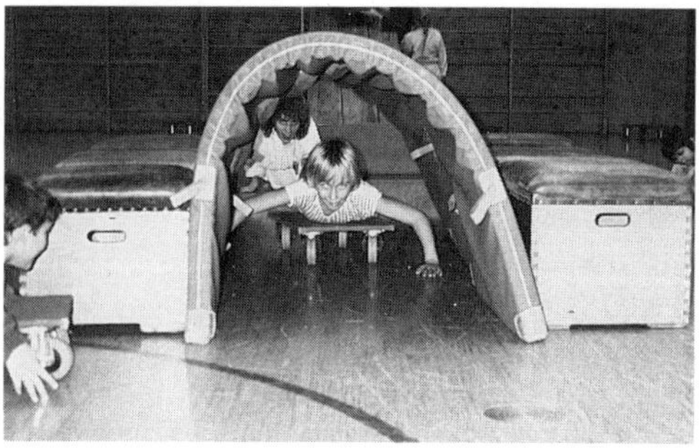

- Zwei Langbänke parallel gestellt und Turnmatten daraufgelegt werden zu einem Tunnel.
  Attraktiver wird der Tunnel noch, wenn die Matten mit ihren Schmalseiten aufgestellt werden, so daß sie sich zwischen den Bänken hochwölben.

Rampe:

- Eine Abfahrtsrampe kann durch einseitiges Auflegen von Bänken auf einen Kasten oder durch einseitiges Einhängen an der Sprossenwand entstehen. Drei gleich lange Bänke müssen dicht nebeneinander stehen. Einen Übergang zum Boden bildet man aus Turnmatten und Sprungbrettern.

Zum Losfahren ist Hilfestellung nötig. Die Hilfestellung hält das Brett bis der Fahrer sitzt oder liegt und begleitet es dann führend bis sichergestellt ist, daß das Brett geradeaus läuft.
Wer nicht gleich die ganze Rampe herunterfahren möchte, kann Probefahrten aus halber Höhe machen.
Wie steil man die Rampe baut, hängt vom Mut der Fahrer und Helfer ab.

Rollbrett in komplexen Bewegungssituationen:

Stadtspiel:

Aus Seilen oder Matten oder Kegeln mit Baustellenband verbunden oder aus allem zusammen läßt sich ein "Stadtgrundriß" in der Halle aufbauen.

- Für das Befahren der Straßen werden Verkehrsregeln aufgestellt.
- Verkehrszeichen werden einbezogen.
- Ampeln (Kind mit roten und grünen Karten) regeln den Verkehr.
- Wir zeichnen einen Plan unserer Stadt, damit wir sie wieder aufbauen können (alle zeichnen an einem Plan, jeder zeichnet einen Plan).
- Jeder darf sich mit einem Seil eine Garage in der Stadt bauen.
- Wir zeichnen unsere Garage auf dem Stadtplan ein.
- Die Häuser der Stadt bekommen Funktionen (Bäcker, Schule, Kindergarten, Tankstelle).
- Wir fahren zu bestimmten Zielen (von Zuhause zum Kindergarten).
- Wir erklären, wie wir vom Bäcker zur Schule kommen und probieren es dann aus.
- Wir wollen von Zuhause zur Tankstelle ohne an einer Ampel vorbeizukommen.

Spiele mit dem Rollbrett:

Fangspiele:

- Ein Fänger: wer abgeschlagen wird, ist neuer Fänger.
- Mehrere Fänger (markiert durch Band o.ä.)
- Beim Fangspiel stehen Hindernisse im Raum.
- Wer abgeschlagen ist, bildet eine Brücke und kann durch "Unterfahren" eines freien Mitspielers befreit werden.
- "SchwarzerMann"
- "Brückenfange"

Staffelspiele:

- Pendel- oder Umkehrstaffeln mit vorgeschriebener Fahrweise
- dto. mit vorgegebenen Wegen (Slalom)
- dto. mit Hindernissen (Tunnel, Sprungbrettbrücke, o.ä.)
- dto. mit Zusatzanweisungen (Mitnehmen und Absetzen von Sandsäckchen, Kegeln o.ä.)
- Taxispiel: Umkehrstaffel; das erste Kind fährt in beliebiger Form um die Wendemarke, holt ein zweites Kind ab, umfährt mit ihm die Wendemarke und steigt dann bei der Gruppe aus, das dritte Kind steigt ein...
- Taxispiel: Pendelstaffel; auf der einen Seite startet ein Kind alleine, holt auf der anderen Seite ein Kind ab, steigt dann auf seiner Seite aus, ein anders Kind steigt zu und fährt mit dem zweiten Kind zu dessen Gruppe...

Taucherspiel:

- Alle Mitspieler starten an einer Wand. Im Raum sind Sandsäckchen o.ä. verteilt. Mit verbundenen oder geschlossenen Augen (Wir tauchen in der Tiefsee, wo es ganz dunkel ist, nach Schätzen) sind die Gegenstände zu sammeln.
- Jeder Mitspieler startet von seinem "Boot" (Reifen, umgekehrtes Kästchen) aus und muß jeden gefundenen Gegenstand dorthin bringen, bevor er einen weiteren sucht.
- dto. mit geschlossenen, verbundenen Augen, dabei hilft ein Partner im Boot, der sehen kann, durch Zurufen beim Suchen und beim Zurückkehren.
- dto. ohne Partner.

Ballspiele mit dem Rollbrett

- Jägerball auf Rollbrettern: Softball, der Getroffene wird neuer Jäger - der Getroffene wird zum Mitjäger (Parteibänder zur Markierung)
- Tigerball: Ein Spieler versucht, das Abspiel zwischen drei anderen abzufangen.
- Kombinationsball: Zwei gegen drei, abspielen-"freifahren". Wieviele Abspiele schaffen wir, bevor die Gegenmannschaft den Ball abfangen kann?
- Rollbrettpolo: Auf dem Rollbrett kniend spielen zwei Mannschaften gegeneinander mit einem Softball. Der Ball darf nur mit der Faust gespielt werden. Tore sind Kastenteile.
- Rollbretthandball: Auf dem Rollbrett kniend spielen zwei Mannschaften gegeneinander Handball. Der Ball darf gefangen und abgespielt, aber nicht transportiert werden. Tore sind Kastenteile oder aufgestellte Turnmatten.
- Rollbrettfußball: Auf dem Rollbrett sitzend spielen wir Fußball.
- Rollbretthockey: Mit einem Speckbrett/Tischtennisschläger wird mit einem kleinen Softball Hockey gespielt.
- Rollbrettbiathlon: Am Ende eines zu durchfahrenden Parcours (Tunnel, Sprungbrettbrücke, Slalom u.a.) sollen Büchsen mit einem Tennisball abgeworfen werden. (Wertung nach Zeit oder Treffern oder Runden in vorgegebener Zeit - nach Fehlwürfen kleine Strafrunde - o.ä. wäre möglich.)

Rollbrett mit Ausbaumöglichkeiten

Neben allen oben genannten Spielideen bietet das Basis-Brett-System durch seine Variations- und Ausbaumöglichkeiten mit Zusatzelementen noch weiterreichende Möglichkeiten.
Das Basis-Brett-System besteht aus einem Grundbrett (45x60cm) mit rundumlaufenden Bohrungen zur Aufnahme von Anbauteilen.
Dazu können bestellt werden:

Starre Bockrollen	lenkbare Doppelrollen (siehe oben)
Kufen	Halbschale
Kugeln	Barrenteile (Kantholz mit Bohrungen)
höhenverstellbareStützen	Sitzfläche mit Bohrungen
Sprossen mit Gewinde	Handgriffe und Federn

Alle Anbauteile können mittels mitgelieferter Schrauben zusammengebaut werden. Das ausgeklügelte System der Bohrungen, deren Raster bei allen Teilen gleich ist (es lassen sich auch weitere Teile dieses Herstellers, wie z.B. die Stelzenholme kombinieren), lassen ungeahnte Variationen zu.

- Brett und Rollen = Rollbrett
- Brett und Kufen = Wippbrett
- Brett und Halbschale = Wackelbrett
- Brett und Federn = Federbrett
- Brett mit Kugeln = Brett mit Haltegriffen

Variationsmöglichkeiten des Basis-Brett-Systems:

- Die starren Bockrollen erlauben es, ein Brett zu bauen, das nur geradeaus läuft, oder das nur an einem Ende lenkbar ist.

- Werden anstatt der Rollen (oder zusätzlich zu den Rollen) die Kufen angeschraubt, so ergibt sich ein Wippbrett.
- Die unter das Brett geschraubte Halbschale macht das Brett zum Drehbrett, das ähnliche Einsatzmöglichkeiten wie ein Therapie- oder Sportkreisel besitzt.
- Auf das Rollbrett geschraubte Kugeln ergeben Haltegriffe, die in manchen Situationen sinnvolle Hilfen darstellen.
- Mittels Stützen und Barrenteil läßt sich eine quer oder längs verlaufende Stütze konstruieren, die auch stehendes radelrutsch- oder rollerähnliches Fahren erlaubt.
- Zwei Stützen und ein Barrenteil an den Längsseiten montiert ergeben zweiseitige Haltemöglichkeit. Ein oder zwei zusätzlich quer angebrachte Barrenteile an den Schmalseiten ergeben eine Art Geländer.
- Die Sitzfläche und die Sprossen erlauben es, einen "Hocker" auf das Brett zu montieren, wobei zusätzlich mit den Stützen und den Barrenteilen eine quer oder zwei längs angebrachte Haltestangen möglich sind.

Pedalo (17)

Pedalofahren erfordert ein fortlaufendes wechselseitiges dosiertes Innervieren der Muskulatur unter ständiger Gleichgewichtssteuerung. Dadurch wird eine vestibuläre Grundstimulation erzeugt, die höher angeordnete Integrationsleistungen (Ayres 1984) erleichtern. Das fortlaufend wechselnde Innervieren der beiden Hirnhemisphären erzeugt laut Dennison (Dennison 1988) auch eine insgesamt verbesserte zentralnervöse Leistung, weil dadurch beide Hirnhälften "zusammengeschaltet" werden.
Somit fördert die Auseinandersetzung mit diesem Gerät die Ganzkörperkoordination. Außerdem macht Pedalofahren einfach Spaß. Und dies ist vielleicht der wichtigste Grund für den Einsatz dieses Geräts. Sein außerordentlich hoher Aufforderungscharakter motiviert auch bereits motorisch frustrierte Kinder zu intensivem Üben.

Was ist ein Pedalo?

Einerpedalo

Drei Holzscheiben mit Gummiprofil, verbunden durch zwei entgegengesetzt exzentrisch gelagerte "Pedale" bilden ein Fahrgerät, auf dem man sich stehend durch wechselseitiges Betätigen der Pedale mit den Beinen fortbewegen kann.

Doppelpedalo

Durch Bretter sind zwei Einerpedalos verbunden. Dadurch ergibt sich eine größere Standfläche, und das Fahren wird erleichtert.

Tandempedalo

Lange Bretter zwischen zwei Einerpedalos ermöglichen das gleichzeitige Fahren mehrerer Personen.

Pedalo-System

Inzwischen hat der Hersteller das Pedalo zu einem Pedalosystem mit vielfältigen An- und Ausbaumöglichkeiten erweitert. Die dadurch entstandenen Möglichkeiten werden unter "Pedalo mit Ausbaumöglichkeiten" beschrieben.

Welches Pedalo zum Anfangen?

Zunächst wäre zu überlegen, wer mit welchem Pedalo anfangen sollte. Normalbegabte können sicherlich mit dem Einerpedalo beginnen. (Es gibt Fünfjährige, die das Einerpedalo sicher beherrschen.)
Allerdings erleichtert die größere Trittfläche des Doppelpedalos den Einstieg.
Das Tandempedalo erscheint uns für die ersten Übungen nicht geeignet. Anfänger müssen gelegentlich, wenn sie aus dem Gleichgewicht kommen, schnell absteigen oder kommen zu Fall. Beim Tandempedalo ist die Gefahr groß, beim Absteigen auf das große Gerät vor sich oder hinter sich zu treten oder darauf zu fallen.
Auch der Einsatz des Reha-Pedalos (Tandempedalo mit Stützen; siehe Pedalo mit Ausbaumöglichkeiten) scheint uns zumindest bei Normalbegabten oder nur leicht beeinträchtigten Kindern nicht empfehlenswert, da das gleichzeitige Heben von Bein und Arm einer Körperseite die Bewegungsweise des Paßganges fördert. Allerdings läßt sich dieser Nachteil durch das Anflanschen eines zweiten Tandempedalos und entsprechend versetztes Anbringen der Stützen vermeiden (siehe Pedalo mit Ausbaumöglichkeiten).

Wie lernt man Pedalofahren?

Für alle Methoden und Situationen gilt:

- immer zuerst die untere Trittfläche betätigen,
- das Gerät wird immer nach vorne verlassen (auch im Notfall) möglichst zuerst vom oberen Trittbrett.

Es ist sicher möglich, den Kindern das Pedalo zur freien Erprobung anzubieten, auch wenn dadurch der eine oder andere Sturz zustandekommt. Allerdings können durch gezielte methodische Hilfen insbesondere bei bewegungsbeeinträchtigten Kindern frustrierende und damit demotivierende Erlebnisse vermieden werden.
Für manche Kinder kann es hilfreich sein, die Dynamik des Gerätes vorab durch "Betätigen" des Pedalos mit den Händen im Vorwärtskrabbeln oder "Vierbeinfahren" auf einem Tandempedalo zu erfahren.

Mit Helfer:

Der Helfer steht vor dem Gerät dem Übenden gegenüber. Mit einem Fuß sichert er das unbeabsichtigte Losfahren des Pedalos, indem er mit der Sohle, die Ferse aufgesetzt, das mittlere Rad stoppt.
Der Unterarm (Arm vorwärts angehoben, im Ellbogengelenk abgewinkelt) wird als Stützhilfe (wie bei allen Gleichgewichtsübungen wird auch hier nur passive Stützhilfe geboten, der Übende soll nicht "gefahren werden") angeboten.
Bei allen weiteren Schritten soll das Stützen langsam abgebaut werden: Stützen mit zwei Händen, mit den Fingerkuppen beider Hände, mit einer Hand, nur mit den Fingerkuppen einer Hand, nur mit einem Finger; jeweils wird der Stützdruck versucht zu vermindern, wird der Kontakt kurzzeitig gelöst, bis nur noch eine Sicherungshilfe benötigt wird.
Die Füße stehen so auf dem Pedalo, daß die Fußaußenseiten die Räder innen berühren ("Außenbackenbremse").
Der Übende versucht, durch Verlagern des Gewichts auf die obere Trittfläche die Pedale auf gleiche Höhe zu bringen und so zu halten. Dabei sichert die "Sohlenbremse" des Helfers das Pedalo.

Es kann hilfreich sein, für diese ersten Bemühungen den Übenden anzuweisen, alle Muskeln in den Beinen stark anzuspannen und nur durch Verlagern des Gleichgewichts das Pedalo in Bewegung zu setzen. So wird zuerst eine "Umsteigetechnik" (Zimmer/Cicurs. 1987,S. 99) angewandt, die dann in eine "Schiebetechnik" mit dosiertem wechselseitigen Krafteinsatz geleitet wird.
Ist der Übende in der Lage, die Mittelstellung ohne Stützhilfe zu halten, soll er in Umsteigetechnik die ersten Fahrten probieren, wobei versucht wird, das Stützen weiter abzubauen.
Die Körperhaltung bei beherrschtem Pedalofahren ist der Mittellage beim Skifahren nahezu identisch: Gewicht auf der ganzen Sohle, Knie gebeugt vorwärtsgeschoben, Hüfte leicht gebeugt, Rumpf leicht nach vorne geneigt, Schultern-Knie-Fußspitzen liegen auf einer Senkrechten.

Mit Stützhilfen

Der beschriebene Weg kann (bis auf das erste Fahren) vom Übenden auch selbständig vor einer Wand oder Sprossenwand begangen werden.
Stäbe mit Gummipfropfen (Pfropfen von Gehilfestöcken erhältlich in Sanitätshäusern; Stelzenstäbe) können für ein selbständiges Weiterüben Hilfen sein.
Manche Kinder entdecken selbst, daß paralleles Fahren zu einer Wand ein gelegentliches Abstützen an dieser ermöglicht.

In jedem Falle gilt: Pedalofahren lernt man nur durch Pedalofahren. Daraus ergibt sich ein weiterer Effekt, der den Einsatz des Pedalos u. E. rechtfertigt: Die Erkenntnis, daß man durch "Üben" etwas erreichen kann, daß die intensive Auseinandersetzung mit etwas erfolgreich sein kann. Gerade dieser Aspekt ist bei motorisch frustrierten Kindern oft verschüttet und läßt sich besonders mit dem Pedalo wegen seines hohen Aufforderungscharakters wieder beleben.

Fahrmöglichkeiten mit dem Pedalo

Ein Kind ein Einerpedalo oder Doppelpedalo

- Fahren mit Einerpedalo, Doppelpedalo, vorwärts und rückwärts (während des Erlernens mit Helfer, mit Stäben, entlang der Wand),
- Fahren mit Longe (Seil rechts und links in der Mitte des Rades angebracht - Befestigungsschrauben vom Hersteller zu beziehen),
- Vorwärtsfahren, Abbremsen, Rückwärtsfahren und umgekehrt

Während des Fahrens:
- so groß wie möglich/so klein wie möglich machen,
- so weit wie möglich nach vorne/hinten/links/rechts beugen,
- Ball o.ä. mittransportieren,
- mit beiden Händen einen Stab waagrecht/senkrecht halten,
- Sandsäckchen auf den Schultern, dem Kopf balancieren,

- Ball auf der Hand, ohne Festhalten, mitführen,
- Luftballon auf der Hand, ohne Festhalten, mitführen,
- Ball auf einem Schläger mitführen,
- Holzkugel auf einem Stab mit Mulde am Ende balancieren,
- Holzkugel auf einem Kochlöffel balancieren,
- Ball seitlich oder vorne einhändig/zweihändig prellen,
- Ball fortlaufend prellen,
- Ball hochwerfen und fangen,
- vorwärts auf eine Wand zufahren, dabei Ball gegen die Wand werfen/über den Boden an die Wand prellen und wieder auffangen,
- rückwärts von einer Wand wegfahren, dabei Ball gegen die Wand werfen/über den Boden an die Wand prellen und wieder auffangen,
- während des Fahrens, ohne Anhalten, Gegenstände vom Boden aufnehmen,
- während des Fahrens Gegenstände ohne Anhalten gezielt ablegen (Sandsäckchen in Kiste, Tennisring auf Kegel),
- während des Fahrens wie beim Seilspringen ein Seil vorwärtsschwingen, darüberfahren, weiterschwingen,
- unter Hindernissen durchfahren (Zauberschnur, Stäbe)- wie tief dürfen die Hindernisse sein, damit wir noch durchkommen?
- "Slalomfahren": fortgeschrittene Pedalofahrer können sogar ruckartige Richtungsänderungen fahren, so daß auch Slalomkurse bewältigt werden können.

Fahren auf unterschiedlichem Grund

Zur Erweiterung der Bewegungserfahrungen sollten auch unterschiedliche Böden zum Befahren angeboten werden.

Im Freien:

- auf Asphalt,
- auf Pflastersteinen,
- auf Rasen,
- Schotterflächen,
- von einem Untergrund auf den anderen: vom Asphalt auf Pflaster; vom Pflaster auf Rasen; u. ä.,
- leichte Steigungen bergauf und bergab,
- parallel zum Hang,
- schräg zum Hang.

In der Turnhalle:

- auf anderem Boden in den Fluren, Umkleideräumen,
- auf Turnläufern,
- auf Turnmatten,
- auf Weichbodenmatten,
- über quergelegte Sprungseile fahren,
- auf einer "Rüttelstrecke", d.h. unter dem Turnläufer liegen in ein bis zwei Meter Abstand Stäbe quer zur Fahrtrichtung,

- auf einer "Wellenbahn", d.h. durch Unterlegen des Turnläufers mit Turnmatten, Sprungbrettern o.ä. werden Wellen gebildet, die man hinauf- und hinunterfährt; Wie hoch/steil können die Wellen sein, daß wir sie noch bewältigen?
- "Schrägfahrt" mit einer Seite auf dem Boden, mit der anderen auf der Turnmatte; mit einer Seite auf dem Boden mit der anderen ein Sprungbrett hoch/herunter,
- vom Boden mit Anfahrt auf eine Turnmatte fahren, darauf weiterfahren und auf der anderen Seite wieder herunterfahren
- "Treppenfahrt": Treppenförmig aufeinandergelegte Turnmatten hinunterfahren; versuchen, hinaufzufahren - wie groß müssen die Flächen der Treppen sein, damit "hinauf" oder "hinunter" bewältigt werden kann?
- "Brücke" überfahren: vom Boden mit Anfahrt auf die niedere Seite eines Sprungbretts auffahren, das Sprungbrett hochfahren, über ein dagegengestelltes Sprungbrett wieder herunterfahren,
- "Wippe" (Brett in der Mitte unterlegt) überfahren

Zwei Kinder, je ein Einerpedalo oder Doppelpedalo:
- nebeneinander mit Handfassung
- nebeneinander mit Handfassung, dabei fährt einer vorwärts, einer rückwärts
- hintereinander, dem Vordermann an die Schultern, Hüften fassen
- Gegenüberaufstellung, Handfassung beider Hände, einer fährt rückwärts, einer vorwärts
- alle vorgenannten Formen, dabei Verbindung durch Stäbe
- beim Fahren nebeneinander/gegenüber werden auf Stäben Schaumstoffteile/Ball/o.ä. transportiert
- bei allen vorgenannten Formen einer der Partner Einerpedalo, der andere Doppelpedalo
- beim Parallelfahren Ball zuwerfen, zuprellen
- beim Parallelfahren Ball mit Schläger zuspielen
- aufeinander zufahren, dabei Ball zuwerfen, zuprellen, mit Schläger zuspielen.
- voneinander wegfahren (einer rückwärts, einer vorwärts) dabei einen Ball zuwerfen, -prellen, -spielen

Fahrmöglichkeiten mit dem Tandempedalo

- Fahren auf allen vieren
- fahren zu zweit/mehreren hintereinander, Vordermann an der Hüfte/Schulter fassen
- dto.ohne gegenseitiges Festhalten
- dto. die Mitfahrer haben Stäbe als Stützen
- fahren einander zugewandt, dabei muß ein Teil der Mitfahrer vorwärts., der andere rückwärtsfahren

Selbstverständlich sind nahezu alle weiter oben beschriebenen Formen des Fahrens, selbst die mit zwei Pedalos auch mit dem Tandempedalo möglich.

Pedalo in Kombination mit anderen Geräten

Die meisten Kombinationen ergeben sich aus der Variation des Untergrundes oder Geräten und Materialien, die mitgeführt oder während des Fahrens benutzt werden. Zur direkten Kombination mit dem Pedalo fallen uns zwei Varianten ein:
- unter den Balken einer Langbank werden mehrere Doppel- oder Tandempedalos gestellt. Die Mitfahrer setzen dann einen Fuß auf das Pedalo, den anderen auf die Sitzfläche der Bank oder setzen sich auf die Bank und stellen beide Füße auf das Pedalo und treiben das Fahrzeug durch Gewichtsverlagerung an.
- Lange Balken über mehrere Doppel- oder Tandempedalos gelegt ergeben ein Riesenpedalo. (In Sporthallen, in denen Hallenhockey gespielt wird, lassen sich die Banden-Balken dafür benutzen.)

Pedalofahren in der Gruppe

Je Kind ein Pedalo bzw. Kleingruppen auf einem Tandempedalo
- alle fahren nebeneinander in einer Reihe
- alle fahren in einer Reihe, jeder zweite umgekehrt
- dto. halten sich dabei an den Händen, Stäben, einem Tau
- alle fahren hintereinander, halten sich an den Händen (eine Hand nach vorne, eine nach hinten), den Schultern, den Hüften
- dto. halten sich dabei an Stäben, Seilen, einem Tau
- Wir entwerfen einen Parcours aus den o.g. Variationen des Untergrundes und durchfahren ihn als Gruppe.
- "Pedaloballett": mit einer entsprechenden Musik läßt sich eine Choreographie erarbeiten und vielleicht beim Schulfest vorführen.

Staffelspiele mit Pedalo

Viele der o.g. Fahrmöglichkeiten lassen sich in Staffelformen integrieren.

Drei Beispiele:
- einzelne Kinder fahren; Umkehrstaffel oder Pendelstaffel: Auf einem Kochlöffel ist eine Holzkugel zu balancieren und an den nächsten weiterzugeben.
- zwei Kinder fahren zusammen mit je einem Pedalo; Umkehrstaffel/Pendelstaffel: Die Kinder fahren parallel zueinander und führen auf zwei Stäben, die sie an den Enden gefaßt zwischen sich halten, einen Medizinball mit. Der Medizinball wird an die nächsten Kinder übergeben, die schon zwei Stäbe haben.
- mehrere Kinder auf einem Tandempedalo; Pendelstaffel: Ein Kind fährt auf der einen Seite mit dem Tandempedalo vorwärts los, holt auf der anderen Seite einen Mitspieler ab, der sich ihm gegenüber auf das Pedalo stellt, sie fahren zurück zur Ausgangsseite (das erste Kind fährt nun rückwärts), das erste Kind steigt ab, ein drittes auf.

Pedalo mit Ausbaumöglichkeiten

Neben dem schon beschriebenen Einerpedalo, Doppelpedalo und Tandempedalo bietet der Hersteller des Original-Pedalos noch folgende Systemteile an:

- Teleskopstützen, die vorne oder seitlich anzuschrauben sind
- Barrenteile zu den Stützen
- Longe mit verstellbaren Greifkugeln
- Trittschalen für Einerpedalo (für Umbau eines Doppelpedalos zu zwei Einerpedalos)
- Trittbretter für Doppelpedalo (30cm lang)
- Trittbretter für Tandempedalo (1m lang)
- Anbau-Pedalo (zwei Räder mit einem Tritt dazwischen)
- Sitzfläche mit Füßen
- Schrägbretter (1,15m lang) zum Einsetzen zwischen zwei Stützen
- Spastiker-Seitenleisten zum Anbringen auf den Trittbrettern
- Schrauben und Bolzen zum Verbinden der Teile (jeweils mitgeliefert)

Mit den Zusatzbauteilen lassen sich vielfältige Variationen zusammenstellen:

Pedalo mit Stützen (Reha-Pedalo):

Höhenverstellbare Stützen, die sich oben mit einer Kugel abschließen und mittels mitgelieferter Schrauben an den Enden oder Seiten des Pedalos anbringen lassen(siehe auch Bemerkungen zu Stützen unter "Welches Pedalo zum Anfangen"). Der Hersteller nennt dies auch "Reha-Pedalo". Eine Bezeichnung, die uns nicht so sehr zusagt, da sie mehr verspricht als sie halten kann.

Barrenpedalo:

Aus je zwei an der Seite des Tandempedalos angebrachten Stützen und einem daraufgeschraubten Barrenteil entsteht ein Barrenpedalo - sozusagen ein "Pedalo mit Geländer".

Dreierpedalo:

Durch Anflanschen eines Anbau-Pedalo entsteht ein Pedalo mit drei Trittflächen. Die äußeren Trittflächen laufen im Gleichklang.

Viererpedalo:

Zwei komplette Pedalos (Einer, Doppel oder Tandem) aneinandergeflanscht ergeben vier Trittflächen.

Wird dieses Fahrzeug aus einem Tandempedalo und links und rechts angebrachten Anbau-Pedalos + Trittbrettern zusammengestellt, lassen sich die Stützen so auf der Innenseite der äußeren Bretter anbringen, daß keine “Paßgangbewegung” mehr entsteht.

Schwerlastpedalo

Unter ein Tandempedalo werden zwei zusätzliche Einerpedalos geschraubt, um die langen Trittbretter zu stützen. Das so entstandene "Zwölfradfahrzeug" kann mit bis zu 600kg belastet werden.

Pedalomobile - Reitpedalo

Ein Sitz auf das Mittelbrett und Barren an den Seitenbrettern eines Dreierpedalos ermöglichen sogar Unterkörpergelähmten durch abwechselndes Verlagern des Körpergewichtes auf die Barrenteile und die Sitzfläche das Fahren.

Anstatt des Sitzes kann auf dem Mittelbrett auch ein Schrägbrett zwischen zwei Stützen angebracht werden, auf dem dann mehrere Schüler sitzen können.

Mittels der Anbauteile läßt sich das Pedalosystem so zusammenbauen, daß nahezu jeder, egal mit welcher Behinderung,Pedalo fahren kann.

Anschaffungsempfehlung:
Das System des Herstellers erlaubt es, aus Einerpedalos durch Zukauf kurzer und langer Bretter diese zu Doppelpedalos oder Tandempedalos auszubauen. Somit lassen sich mit einer entsprechenden Anzahl Einerpedalos plus den entsprechenden Zusatzteilen alle anderen Variationen zusammenbauen.
Hierfür werden zwei Systemsets (Grundkombination I und II) angeboten.

Rollschuhe (18)

Im Rahmen der Bewegungserfahrungen zur Gleichgewichtsschulung stellt das Rollschuhlaufen für Kinder einen gewissen Höhepunkt dar. Unsere Erfahrungen haben gezeigt, daß das Erlernen der Technik des Rollschuhlaufens im Sportunterricht für viele Kinder möglich ist. Zur Erlangung der nötigen Sicherheit bedarf es der Übung und abwechslungsreicher Betätigungsformen. Die in der Sporthalle erworbenen Fähigkeiten sollten auch im Freigelände bzw. einem zugewiesenen Bereich im Schulhof angewendet und vertieft werden können.

In Balance bleiben ohne Rollschuhe:
auf der umgedrehten Langbank, dem Balken, auf Holzklötzen, dem Therapiekreisel, dem Pedalo, auf Stelzen, dem Rollbrett u.ä.
- die Abstoß- und Rollbewegung beim Rollschuhlauf erklären und nebenhergehen
- Rollen mit Hilfestellungen:
  an der Hand fassen und mitgehen,
  der Rollschuhläufer wird in Hockstellung gezogen,
  zwei Helfer ziehen den aufrecht stehenden Rollschuhläufer usw.

– Vier Kästen im Viereck:

Die Schüler versuchen, von Kasten zu Kasten zu rollen oder zu laufen. Eine Laufrichtung ist festgelegt. Musik trägt zur gleichmäßigen Schrittfolge und zur beruhigenden Atmosphäre bei.

– Kreislaufen:
Es wird eine Laufrichtung bestimmt, und die Schüler laufen in einem großen Kreis.
– Rollschuhlaufen zu zweit, dritt, viert

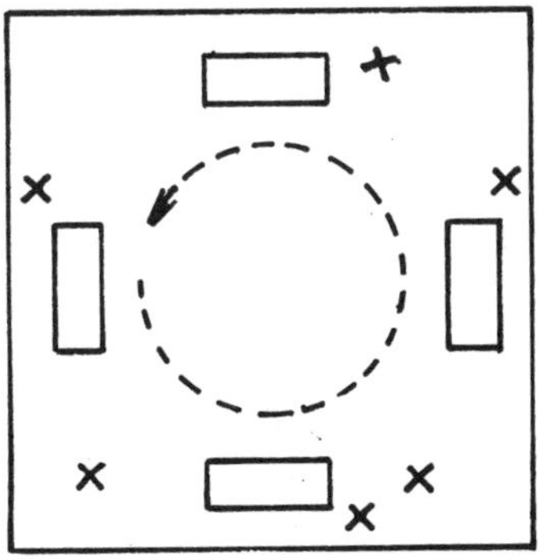

  – 2er-Gruppe: Nebeneinander, Hintereinander.
  – Durcheinanderlaufen im Raum. Mitschüler werden durch Händeschütteln begrüßt.
  – Die Schüler laufen in der Halle. Gleichzeitig wird ein Ball zugeworfen.
  – Es wird in einer "Schlange" gelaufen (Kettenfahren).

– Atomespiel (Freunde suchen):
Aus dem Durcheinanderlaufen finden sich, nach akustischem Signal des Übungsleiters, Gruppen in der geforderten Mitgliederstärke zusammen.
– Im Kreis:
Zusammenziehen und auseinanderdrücken.
– Slalomfahren um Hütchen herum,
– Unter Kinderhürden hindurchfahren,
– Hindernisbahn für Rollschuhläufer:
mit Hütchenslalom, Kastenteil übersteigen, in eine mit dem Tau ausgelegte "Schnecke" fahren, einen Ball in ein Kastenteil tragen, unter einem Hindernis/einer "Stange" hindurchfahren usw.
– Mit Bällen Hockey spielen.
– Kleine Spiele wie "Wer fürchtet sich vorm Schwarzen Mann?" mit Rollschuhen.

Skate-Board (19)

Einen hohen Freizeitwert hat das Fahren mit dem Skate-Board. Gleichgewichtssinn, Geschicklichkeit, Gewandtheit und Koordination werden besonders geschult.
Durch das Fahren auf unterschiedlichen Oberflächen, Kurvenstrecken, Überspringen von Hindernissen, Slalomfahren bei Fortgeschrittenen ist das Skate-Board ein bei Kindern sehr beliebtes Fahrgerät.
Weitere Übungs-und Spielvariationen, die auch für das Skate-Board möglich sind, wurden bei Rollern und Fahrrädern beschrieben.

Roller (20)

Roller in verschiedenen Ausführungen sind nach dem Dreirad häufig das nächste Fahrgerät, das Kinder zum Fahren animiert.
Dabei ist der Roller als ideale Vorstufe zum Fahren mit dem Fahrrad zu sehen. Er erfordert ähnliche Gleichgewichtsreaktionen beim Fahren und Lenken, bietet aber immer noch die Möglichkeit des schnellen, problemlosen, ungefährlichen Übergehens in eine sicher beherrschte Bewegungsform - das Gehen.
In spielerischer Form lernen Kinder dabei Verhaltensregeln, die ein sicheres Bewegen mit dem Roller ermöglichen.

Folgende Spiel- und Übungsformen können durchgeführt werden:

- Slalomfahren
- Einhandfahren
- Fahren auf verschiedenem Oberflächenbelag (Gras, Pflaster, Asphalt, Tartan ...)
- Befahren verschiedener Geländeformen (bergauf - bergab)
- Zielbremsungen
- Rollerfangen, Rollerstaffeln, Verfolgungsrennen
- Transportaufgaben (Pappkartons, gefüllte Wassereimer, ...)
- Einübung von einfachen Verkehrszeichen, einfache Verkehrsregeln
- (Gebot des Fahrens auf dem Gehweg, Verkehrsampeln ...)

Kettcar (21)

Mit Hilfe des Kettcars können wichtige Grundvoraussetzungen für ein verkehrsgerechtes Verhalten der Schüler angebahnt werden. Selbstausgedachte Regeln, wie Einhalten eines Weges, Nicht-Berühren von Begrenzungen, rechtzeitiges Bremsen oder Nicht-Überholen der Mitschüler zwingen zu einer verstärkten Selbstkontrolle trotz hohem Aufforderungscharakter der Fahrzeuge.

Im Kettcar können auch stark gleichgewichtsgestörte oder bewegungsbeeinträchtigte und ängstliche Kinder mitfahren.

Spiel- und Übungsmöglichkeiten

- Wir bauen uns mit Markierungskegeln eine Bahn
- gerade, mit Kurven, im Kreis...
- Wir fahren unter "Brücken" durch.
- Wir fahren Slalom um Kegel, umgeworfene Kegel müssen wieder aufgestellt werden.
- Wir fahren rückwärts.
- Rückwärtsslalom
- Einparken rückwärts.
- Wir bremsen rechtzeitig vor einem Hindernis.
- Wir transportieren Gegenstände.
- Wir bauen einen Hindernisparcours.
- Alle Übungen können auch als Wettbewerb durchgeführt werden:
- Wieviel Fehler hast du gemacht?
- Wie schnell bist du gefahren?
- Ein Kettcarparcours ist eine attraktive Station bei jedem Spielfest für kleine und große Schüler.

Fahrräder (22)

Immer wieder muß vor Beginn der Jugendverkehrsschule in den Klassen 4 oder 5 festgestellt werden, daß viele Schüler noch nicht Fahrradfahren können. Nur wenige Kinder, insbesondere an Schulen für Lernbehinderte besitzen ein verkehrsgerecht ausgestattetes Fahrrad.

Es ist daher unerläßlich, so früh wie möglich mit einem Fahrradtraining zu beginnen. Da viele unserer Kinder Gleichgewichtsprobleme haben, müssen entsprechende Übungseinheiten im Sport- und Sportförderunterricht vorausgehen: Fahren mit Dreirad, Kettcar, Roller, Pedalos, Rollschuhen; Balancieren auf Tauen, Latten, Balken u.a.

Gleichzeitig müssen die Schüler zum genauen Beobachten und schnellen Reagieren auf optische und akustische Zeichen erzogen werden.

- Wir schieben unser Fahrrad über den Platz. Auf ein Zeichen verändern wir die Richtung.
- Wir schieben und bremsen auf ein Zeichen mit der Handbremse.
- Wir schieben das Rad einen Hang hinunter.
- Wir stellen das Rad "richtig" ab.
- Bei ängstlichen und unsicheren Kinder ist es wichtig, die Größe der Räder so auszuwählen, daß die Schüler beim Sitzen auf dem Sattel mit den Füßen - wie bei einem Laufrad - den Boden berühren können.
- Je nach Fahrfortschritt wird dann das Rad neu ausgewählt.

- Wir sitzen auf dem Sattel und laufen.
- Wer kann die Beine hochheben?
- Wer kann so Kurven fahren?
- Wer kann auf ein Zeichen anhalten?

- Führen - folgen
  Ein Kind wählt einen Weg über den Platz, die anderen folgen. Wichtig: Abstand zum Vordermann einhalten.
- Wir spielen Verkehrspolizist.
  Ein Kind gibt Armzeichen, die anderen folgen.
- Auf Zeichen (optisch und/oder akustisch) anhalten - losfahren.
  Wir beachten beim Fahren Verkehrszeichen. (Die Zeichen können im Unterricht mit den Kindern hergestellt werden.)
- Wir fahren in engen Straßen. (Begrenzung mit Hütchen, Kegeln o.a.)
- Wir fahren auf einer Linie.
- Wir fahren in einer engen Gasse und einen Stangenslalom.
- Wir fahren auf einem Brett.
- Wir fahren vorgegebene (aufgezeichnet oder nur genannt) Figuren:
- Kreise, Achter....
- Wir bremsen rechtzeitig vor einer Linie, vor einem Hindernis.
- Wir bauen einen Radparcours.

Anmerkung:
Es gibt keine Begründung, warum man mit Fahrrädern nicht in einer Turnhalle fahren darf. Allerdings sollten die Kinder auch schon während der Lernzeit die Möglichkeit haben, Fahrerfahrungen auf verschiedenen Untergründen und an verschiedenen Geländeformen zu machen.

Kleingeräte

Riesen-Mikado (23)

Material: Raminholz oder Buchenholz, geschliffen und oberflächenbehandelt
Köcher aus Stoff für 31 Stäbe
Maße: 120 cm lang, 12 mm Durchschnitt
Farben: 1 Mikado-Stab mit blauen Ringen
10 Stäbe mit drei Ringen blau - gelb - rot
10 Stäbe mit zwei Ringen blau - rot
5 Stäbe mit fünf Ringen rot - blau - rot - blau - rot
5 Stäbe mit drei Ringen blau - rot - blau
Bezug: Hersteller für psychomotorische Spielgeräte

Herstellung im projektorientierten Unterricht:

Schüler einer 6./7. Klasse fertigen einen oder mehrere Mikadospielsätze für die Kinder der 1. und 2. Klasse: "Wir planen und fertigen ein Riesenmikadospiel."

Hierzu einige Tips:

A. Stäbe:

- Rundstäbe besorgen (Fachhandel, Baumarkt)
- Stäbe zusägen und leicht anspitzen (Schleifvorrichtung)
- eine Vorrichtung zum "ökonomischen" Anmalen entwickeln und installieren (siehe Skizze).
- Stäbe anmalen und trocknen lassen
- Oberfläche behandeln z.B. einwachsen

Pappschalen (Bratwurstteller) auf einer Unterlage ankleben. In die Schale Schaumstoffstücke in gewünschter Länge einkleben und mit Farbe tränken. Holzstab auflegen und langsam drehen. Es können bis zu drei versch.Farben gleichzeitig angebracht werden.

B. Köcher:

- Schnittmuster für einen Köcher entwickeln
- einfarbigen festen Baumwollstoff besorgen (z.B. Nessel)
- Stoff für den Köcher zuschneiden
- Köcher gestalten: Pappkantendruck oder Stempeltechnik
- Köcherzusammennähen
- Kordel herstellen und einziehen

C. Regel:

- Einen Spielvorschlag entwickeln
- ein gestaltetes Regelblatt (Faltblatt) herstellen (ggf. drucken)
- ein Punktesystem entwickeln:

1	blauer Mikadostab		20 Pkt. =	20 Pkt.
10	Stäbe blau-gelb-rot	je	10 Pkt. =	100 Pkt.
5	Stäbe rot-blau-rot-blau-rot	je	5 Pkt. =	25 Pkt.
5	Stäbe blau-rot-blau	je	3 Pkt. =	15 Pkt.
10	Stäbe blau-rot	je	2 Pkt. =	20 Pkt.

maximale Punktezahl :

- Das Spiel kann nach "traditionellen" Regeln gespielt werden:

1) Die Stäbe werden so in die Hand genommen, daß beide Hände alle Stäbe umfassen. Durch plötzliches Öffnen der Hände fallen die Stäbe kreisförmig auf den Boden. Bei einem schlechten Wurf ist eine Wiederholung gestattet.

2) Nun versucht das Kind, die Stäbe mit den Fingern einzeln aufzunehmen ohne daß sich ein anderer Stab dabei bewegt. Wenn der Mikado aufgenommen ist, kann er beim Abheben weiterer Stäbe zu Hilfe genommen werden.

3) Ein Druck des Fingers auf die Spitze des Stabes ermöglicht die sicherste Art des Wegnehmens.

4) Bewegt sich ein fremder Stab, ist abzubrechen. Das nächste Kind beginnt mit einem neuen Wurf.

(Anzahl der Spielrunden wird vereinbart). Gewinner ist, wer die meisten Punkte erzielt hat.

Ein anderes Spiel:

Der Mikado wird zum Zauberstab

"Die Schüler lösen einfache Spielaufgaben. In überschaubaren Situationen werden die Kinder zum Finden, Erproben und Gestalten von Spielmöglichkeiten herausgefordert" (Lehrplan Sport in der Grundschule, Baden-Württemberg,Kl. 1-2).

Die Mikadostäbe fordern die Kinder spontan zum Spielen auf. Manche Kinder verstehen es, offene Situationen phantasievoll zu nutzen, andere bedürfen eines Anstoßes. Die folgenden Aufgabenstellungen lassen den Kindern großen Handlungsspielraum, die Spielideen wurden gemeinsam entwickelt:

Die Kinder sitzen im Kreis. Jedes Kind bekommt einen Stab.

Beim "Lagerfeuer" werden viele Spielgedanken gesammelt.

Auf ein Zeichen (Triangel) lassen die Kinder ihre Stäbe fallen.

Ein Kind darf einen Stab wegnehmen. Der Stab, der wackelt, darf noch genommen werden, denn dieser wird zum "Zauberstab".

Auf dem Boden liegen drei Stapel farbiger Karten (rot, gelb, blau). Die Karten enthalten verschiedene Bilder, die jedoch verdeckt sind.

rot: Hund, Löwe, Tiger, Elefant, Affe, Schildkröte, Giraffe, Biene, Hahn
gelb: Ball, Seil, Stab, Hubschrauber, Auto, Heißluftballon, Baum, Flugzeug
blau: Sprossenwand, Tisch, Stuhl, Bank, kleiner Kasten, Matte, Reck, Barren

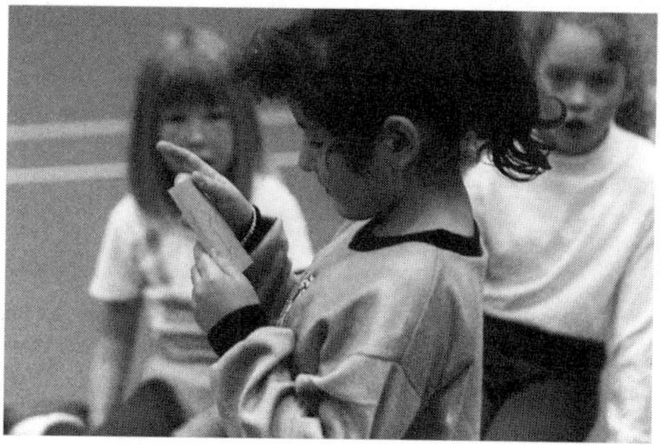

Hat das Kind einen blau-gelb-roten Stab genommen, so kann es eine Karte aus den drei Stapeln auswählen (bei einem 2farbigen Stab aus zwei Stapeln ...).
Mit einem Zauberspruch verwandelt der Zauberstab alle Kinder in das gewählte Bewegungsbild.
Die Triangel beendet den "Zauber". Der Zauberer wählt das nächste Kind, das einen Stab ohne Wackeln wegnehmen will ...

Kunststückchen mit dem Mikadostab

Die Kinder lernen verschiedene Bewegungmöglichkeiten mit dem dünnen Stab kennen. Sie finden "tolle Ideen" und wollen diese vorzeigen. Sie erweitern ihre Fähigkeit, mit dem Partner und in der Gruppe zu spielen. Wichtiges Merkmal dieses Bereiches ist die Forderung nach gemeinsamem Spiel und dem Einbeziehen aller Gruppenmitglieder. In Partnerarbeit bereitet dies weniger Schwierigkeiten als in der Dreier- oder Vierergruppe. Daher setzt der Lehrer die erste Spielregel:
"Alle Kinder einer Gruppe müssen mitspielen, kein Kind darf nur zuschauen!"

Folgende Impulse bringen die "Kunststückchen" in Gang:
- Ich spiele mit meinem Stab allein
- Zwei Kinder haben zwei Stäbe!
- Zwei Kinder haben mehrere Stäbe!
- Drei Kinder gehen zusammen!
- Eine Gruppe hat 4 oder 5 Kinder!

Ordnung nach Farben

Die Gruppen lassen sich auch über die farbigen Mikadostäbe bilden:
Gruppe rot-blau, Gruppe rot-gelb-blau, Gruppe rot-blau-rot-blau-rot.

Verbessern der körperlichen, räumlichen und zeitlichen Wahrnehmungsfähigkeit

Die Förderung einer differenzierten Wahrnehmungsfähigkeit ist eine Aufgabe des Unterrichts in allen Fächern. Im Sportunterricht sollte ein Schwerpunkt gesetzt werden bei der Verbindung von Wahrnehmen und motorischem Handeln.
Das Kind hat in seiner vorschulischen Entwicklung bereits eine differenzierte Wahrnehmungsfähigkeit entwickelt. Doch sind die Erfahrungen der Schulanfänger in diesem Bereich sehr unterschiedlich. Defizite beim genauen Hinsehen, Hinhören, Unterscheiden sind häufig erkennbar und erschweren dem Kind den Lernfortschritt in vielen Bereichen. Vor allem entwicklungsrückständige Kinder bedürfen der besonderen Aufmerksamkeit. Eng zusammenhängend mit Wahrnehmungsschwierigkeiten können nicht selten auch sprachliche Defizite beobachtet werden. Wahrnehmungsförderung und -schulung in Verbindung mit Bewegungsreaktionen bedeutet Aktivieren von Denkprozessen und leistet somit einen wichtigen Beitrag zur Entwicklung des Kindes.

Erfahrungen mit Sehen: Figurenkarten und Mikadostäbe

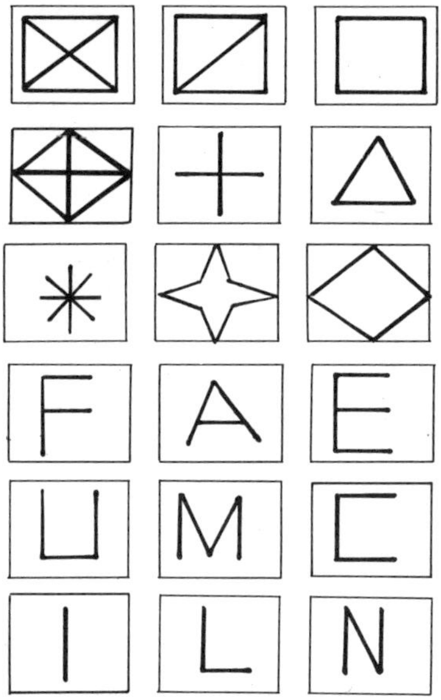

Die Kinder unterscheiden verschiedenfarbige Karten (rot-blau-gelb) und Formen und reagieren darauf mit Bewegungen:

– Platzwechselspiel auf verschiedenfarbigen Fliesen oder Farbkarten (die Kinder behalten eine bestimmte Farbe bei oder sie wechseln in einer bestimmten Reihenfolge von einer Farbe zur anderen).
– Die farbigen Gruppen werden im Mikadospiel ermittelt
– Linienlaufen (nur auf den roten, blauen ... "Schienen" laufen),
– Farben auf Zuruf oder durch Zeigen farbiger Stäbe
– Mit Mikadostäben Figuren legen: darauf balancieren, um alle Figuren herumlaufen, darüberspringen, hineinspringen , sie blind erraten, zur eigenen Figur zurückkehren
– vorgezeigte oder gelegte Figuren laufen, ihre Form benennen,
– optische Zeichen vereinbaren für "Vorwärtslaufen", "Rückwärtsgehen"
– vorgezeigte oder gelegte Figuren mit dem Körper auf dem Boden nachbilden: "mit dem Körper schreiben" (Anzahl der Stäbe = Anzahl der Kinder)"

- Buchstaben mit den Stäben finden und legen, gefundene Buchstaben auf einen Karton aufmalen
- Wörter legen und anschließend aufschreiben
- Kombinierte Wörter zusammenstellen: Stäbe und Seilchen (kleine Sätze)
- Welche Gruppe kann viele Zahlen finden? Zur Verfügung stehen 7 Stäbe. Die gefundenen Zahlen werden auf ein Blatt Papier geschrieben (Lernkontrolle). (Es entstehen "digitale Zahlen" wie an der Tankstelle oder ...)
- Die Wörter oder Zahlen können auch mit dem Körper der Kinder "geschrieben" werden!

Hüpfspiele mit Mikadostäben

4 Gruppen - 4 Stationen:

Die Kinder legen mit den Mikadostäben Hüpfspiele ausgehend vom bekannten Spiel "Himmel und Hölle".
Jede Gruppe benennt ihr Spiel und entwickelt eine Bewegungsvorschrift (z.B. Sternhüpfspiel, Viereckhüpfspiel, Dreieckhüpfen ...).
Die Gruppen wechseln im Uhrzeigersinn.

Reitturnier

Mit Bänken, kleinen Kästen und Mikadostäben "bauen" die Kinder einen Reitparcours. Es entstehen Hürden, Gräben, "Oxer", Kombinationen ...
Die "Pferde" behandeln die Stäbe äußerst sorgfältig - Bruchgefahr!

Weitere Bewegungserfahrungen mit dem Stab

- Im Stand durch den quergehaltenen Stab vor- und zurücksteigen; im Stand Rumpfbeugen ausführen
- Den Stab auf dem rechten/linken Handteller balancieren
- Stab auf dem Kinn balancieren
- Den Stab waagrecht festhalten, hochwerfen und auffangen
- Aus dem Sitz durch den gehaltenen Stab den rechten/linken Fuß durchschieben
- Im Strecksitz, den Stab über dem Kopf gehalten, vor- und rückwärtsbeugen

- Aus verschiedenen Körperlagen (aus der Hocke, aus dem Kniestand) den Stab weit vor- und zurückrollen
- Den Stab mit einer Hand senkrecht auf den Boden stellen, sich unter dem Arm durchwinden und wieder aufstehen
- Durch den quergehaltenen Stab durchsteigen und hinter dem Rücken wieder hochführen
- Mit dem waagrecht gehaltenen Stab Seitbeugen oder Rumpfdrehungen ausführen
- Den mit beiden Händen gehaltenen Stab rechts und links neben dem Körper vor- und zurückpendeln mit Nachfedern in den Knien
- Den Stab waagrecht halten, hochwerfen und auffangen, am Ort und in der Vorwärtsbewegung
- Den senkrecht gehaltenen Stab von der rechten in die linke Hand werfen
- Mit zwei Stäben in den Händen einen dritten Stab auf dem Boden rollen ("Rasenmähen") und dem Partner übergeben; auch als Staffelform spielbar.

Bleischnur (24)

Folgende Ziele stellen die Schwerpunkte der Bewegungsförderung mit psychomotorischen Kleingeräten und Übungsmaterialien dar. Gerade am Beispiel Bleischnur lassen sich diese besonders gut verdeutlichen.

Die Schulung bzw. Förderung der Bewegung und Feinmotorik ist u.a. auch unter dem Aspekt der Entwicklung der Lernvoraussetzungen für den Lese- und Schreibprozess zu betrachten.

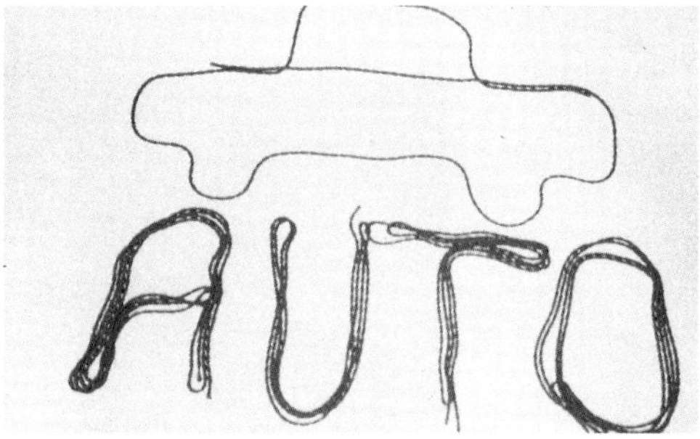

Differenzierung und Sensibilisierung der Wahrnehmungsverarbeitung werden durch das Bewegungsangebot weiterentwickelt. Möglichkeiten zur Entfaltung der Kreativität, der Spielfreude, der Stärkung des sozialen Verhaltens sind in den Vordergrund zu stellen.

Die Förderung der Aufmerksamkeit und der Reaktion sind ebenso zu beachten. Daraus ergibt sich auch eine Stärkung der Eigeninitiative und Stabilisierung des Selbstbewußtseins.

Alle Übungen sind im Rahmen einer ganzheitlichen Erziehung zu betrachten und dürfen nicht als isolierte Funktionstrainingseinheiten absolviert werden.

Experimentieren mit Bleischnüren, anderen Materialien und dem eigenen Körper

- Nachlegen von Formen und Figuren (Die Figuren oder Buchstaben sind auf einem Arbeitsblatt oder an der Tafel vorgegeben; Figuren oder Buchstaben anschauen, dann zudecken und aus dem Gedächtnis nachlegen).
- die Bleischnur um den Körper eines am Boden liegenden Kindes legen,
- versuchen, die Körperumrisse aus dem Gedächtnis nachzulegen,

Ertasten von Formen und Figuren
- mit verschiedenen Körperteilen,
- den Anfang und das Ende finden,
- die Anzahl der verschiedenen Schnüre ermitteln,
- die unterschiedlichen Längen der Schnüre ermitteln,
- nach gleichen Längen einteilen (mit verbundenen Augen),
- die unterschiedlichen Längen nach dem Gewicht ermitteln.

Figuren und Formen auf verschiedenen Körperteilen wahrnehmen:
- leicht - schwer
- kurz - lang

Formen - Figuren - Buchstaben - Zahlen:
- vorlegen - anschauen - abdecken - nachlegen (Merkfähigkeit/Aufmerksamkeit)

Auf unterschiedlichen Hintergrund auslegen
(Figur-Grund Wahrnehmung)

Anschaffungsempfehlung: Bleischnur ist auf Rollen in Raumausstattungsgeschäften oft billiger zu erhalten als im einschlägigen Sportartikelhandel.

Schwungtuch/Fallschirm (25)

Fallschirme und Schwungtücher sind zwar schon weit verbreitet und erprobt, trotzdem sollen sie vorab kurz beschrieben und einige Tips gegeben werden.
Fallschirme regen die Schüler zum spontanen und kreativen Spielen an. Das Tuch kann meist nur im Zusammenwirken von mehreren Personen attraktiv bewegt werden. Soziale Anpassungs- und Kooperationsbereitschaft werden durch das Gerät, bei entsprechender Gestaltung der Unterrichtssituation durch den Lehrer, herausgefordert.
Kinder lieben es, sich in und unter dem großen Tuch zu tummeln, zu tollen, zu balgen, sich darin einzuwickeln oder andere einzuwickeln. Dies sollte nicht zu kurz kommen.
Fallschirme sind ausgediente Last- oder Sprungschirme von Militär oder Aeroklubs. Durch ihre ursprüngliche Verwendung sind sie äußerst stabil. Es gibt Schirme von 6 bis 12 m Durchmesser. An Farben haben sie je nach Herkunft rein weiß oder wechselnd von Segment zu Segment beige-grün bei ehemaligen Militärschirmen, manchmal auch rot-weiß oder gar mehrfarbig bei Schirmen von Klubs.
Schwungtücher finden im Rhythmikbereich schon lange Anwendung. Sie sind aus dünner Seide (daher empfindlicher als Fallschirme) und rechteckig (gängigste Größe 6 x 4 m). Als Farben sind soweit uns bekannt nur rot und weiß uni erhältlich.
Ballontücher sind den Fallschirmen nachempfundene runde Schwungtücher (Material etwas stabiler), deren Segmente in leuchtenden Farben abwechseln rot-gelb-grün-blau gehalten sind. An Größen gibt es 6 – 12 m Durchmesser. Es gibt sie mit oder ohne Loch in der Mitte (ohne Loch bleiben sie länger als Kuppel "stehen").
Wir empfehlen trotz des höheren Preises die bunten Ballontücher (Fallschirm kostet zw. 100 und 200 DM, Ballontuch ist ab 290 DM erhältlich). Gegenüber den Fallschirmen scheinen uns die leuchtenden Farben, gegenüber den Schwungtüchern das Material und die Form vorteilhafter. Nicht zu empfehlen ist ein als "Schwungtuch" angebotenes rundes rot-weißes Kunststoffolientuch mit 4 m Durchmesser und

Halteschleifen, denn es ist zu klein und zu steif.
Viele der nachfolgend aufgezeigten Aufgaben und Spielformen lassen sich auch mit Vogelschutznetzen, vier zusammengenähten Leintüchern oder Kunststoffabdeckfolien nachvollziehen. Dadurch erlangen die Spiel- und Übungsformen jeweils wieder eine andere Qualität.

Spielformen mit Fallschirm/Ballontuch/Schwungtuch

Die Kinder breiten den Schirm aus:

- laufen, ihn an der Hand haltend, im Kreis,
- wechseln nach akustischem Signal die Laufrichtung

Kinder schwingen mit dem Fallschirm:

- Wind erzeugen
- Wir machen Wellen.
- Durch entsprechende Anweisungen, Stimmodulation oder Musik werden die Wellen unterschiedlich klein oder groß, schnell oder langsam, wilde kleine Wellen, wilde große Wellen, sanfte kleine und große Wellen.
  (Vorsicht! Die Kinder fassen das flatternde Tuch oft als weichen Untergrund auf und wollen hineinspringen. Es muß bewußt gemacht werden, daß unter dem Tuch nach wie vor der harte Boden ist.)
- Während des Wellenmachens dürfen einige Kinder im Fallschirm sitzen.
- Einige Kinder führen Schwimmbewegungen im Tuch aus.
- Gehen auf dem Tuch (Vorsicht! Die Wellenmacher müssen am Boden sitzen oder knien, damit sie beim Hochschwingen die Geher nicht umreißen).
- Wer mutig ist, kann auch zu rennen versuchen.

- Während einzelne auf dem Tuch im Kreis gehen, bewegen sich die Wellenmacher mit dem Schirm gegenläufig und werden dabei immer schneller.

- Plastikbälle oder Schaumstoffbälle "tanzen" lassen. Besonders geeignet sind große grellfarbene Zeitlupenbälle.

- Wir versuchen, einen Ball durch entsprechendes Hoch- und Tiefbewegen im Kreis wandern zu lassen.
- Wir lassen eine Holzkugel am Rand entlang wandern.
- Eine Holzkugel und ein leichter Plastikball wandern. Gelingt es, daß sich beide treffen?

- Ein Kind liegt auf dem Boden unter dem Schirm. Die anderen erzeugen mit dem Schirm einen Sturm. Wer fürchtet sich?

Der Fallschirm liegt auf dem Boden:

- Alle Kinder kriechen darunter.
- Passen alle Kinder darunter?
- Verschiedene Bewegungsmöglichkeiten, z.B. wie eine Katze, wie ein Fisch, wie eine Schlange usw.
- Sich im Fallschirm verstecken oder einwickeln und wieder befreien.
- Alle Schüler liegen, aufgestützt auf den Ellenbogen, ausgestreckt um den Schirm.

Zwei sich gegenüberliegende Schüler erhalten die Aufgabe, ihren Platz zu wechseln, indem sie unter dem Schirm hindurchkriechen.

- Kinder legen sich unter den Fallschirm und werden von den anderen nur durch Ertasten erkannt (am Anfang nur die Körperteile erkennen).

Bildhauerspiele:

- Eines der Kinder stellt sich als "Denkmal" unter den Fallschirm. Die anderen versuchen, die Haltung des "Denkmals" zu ertasten und diese nachzustellen.
- Partnerform: Wir versuchen, einen Partner so zu stellen wie das "Denkmal" unter dem Fallschirm.
- In Dreiergruppe: Das erste Kind ertastet die Haltung des verdeckten "Denkmals" und gibt dem zweiten verbale Anweisungen. Dieses bildet mit dem dritten, passiven Kind gemäß den Anweisungen ein Duplikat des "Denkmals".

Durch gemeinsames Hochziehen des Schirmes entsteht eine "Kuppel":

- Benannte Kinder tauschen ihre Plätze.
- Wer erreicht dies bevor der Schirm fällt?
- Alle Kinder erhalten eine Zahl. Platzwechsel der aufgerufenen Nummern.

- Bei einem bunten Ballontuch können die Kinder, die bei gleichfarbigen Segmenten stehen die Plätze wechseln. Farben können angesagt oder angezeigt werden.
- Platzwechsel nach Merkmalen, z.B. alle Kinder mit roten Hosen o.ä.

Ein Pilz entsteht durch gemeinsames Hochziehen des Schirmes bei gleichzeitigem Zur-Mitte-Gehen:

- Nicht loslassen. Wenn der Schirm herunterschwebt, versammeln sich alle Kinder unter ihm.

- Auf ein Signal des Lehrers gehen alle Schüler unter den Schirm, fassen ihn von innen mit beiden Händen, drücken ihn fest zu Boden und setzen sich auf die Innenseite. Ergebnis: Alle Schüler sitzen im "Zelt".
- Fallschirm loslassen. Haben wir alle gleichzeitig losgelassen, steigt das Tuch hoch. Schwebt es zur Hallendecke?
- Schüler ziehen den mit Luft gefüllten Fallschirm durch die Halle.

Schweben in der "Wolke" :

(Der Ausdruck "Wolke" wurde von Kindern für diese Form gewählt)

- Alle stehen um den Fallschirm, ein Kind legt sich in die Mitte. Nun spannen wir das Tuch, bis das Kind in der Mitte "schwebt". Es empfiehlt sich, unter das Kind in der Mitte eine Matte zu legen, falls die Tuchspannung plötzlich nachläßt.
- Sind wir zu wenige Helfer, so können wir den Schirm an einer Seite an der Sprossenwand festbinden.
- Haben wir sehr kräftige Helfer, kann das Kind in der Mitte sogar geschaukelt werden, auf der "Wolke" herumkrabbeln, leichte Kinder können sogar aufstehen und versuchen zu gehen.

(Hinweis: Diese Form ist nur mit einem stabilen Schirm möglich.)

Rennen unter der "Wolke":

- Alle Kinder stehen nebeneinander an der Wand. Zwei Helfer halten den Schirm mit einer Hand und beginnen zu rennen. Der Schirm "flattert" hinter ihnen her. Die wartenden Kinder laufen den Helfern nach und versuchen, unter dem flatternden Schirm mitzurennen.

(Vorsicht! Die Wartenden dürfen nicht zu früh losrennen, sonst treten sie auf das Tuch. Rechtzeitig vor der Wand abbrechen, denn die Kinder beobachten zumeist nur noch das Tuch.)

Spielen mit dem über Kopfhöhe gehaltenen Schirm:

- Ein Schüler steht unter dem Schirm und versucht, zwei oder mehr Bälle von unten herauszuschlagen. Die Schüler am Schirm bemühen sich, dies zu verhindern.

Spielen und Gestalten:

- Musik erfüllt den Raum. Mehrere Kinder befinden sich unter dem Schirm. Sie bewegen sich nach dem vorgegeben Rhythmus bzw. führen Bewegungen aus.
- "Riesendrache"
  Die Kinder stellen sich in einer Reihe auf. Mit den Händen greifen sie an die Hüfte

ihres Vordermannes und ziehen danach den Fallschirm über sich. Sie hüpfen mit beiden Beinen vorwärts, und das "Ungetüm" setzt sich in Bewegung. Es schlängelt sich durch den Raum, geht in die Knie, macht sich im vorderen Teil groß und hinten klein usw.

– Katz und Maus:
  Das Tuch liegt flach am Boden. Die Kinder sitzen um es herum. Ein Kind wird “Maus”, ein anderes “Katze”. Von zwei gegenüberliegenden Seiten krabbeln sie unter das Tuch. Die “Katze” versucht, die “Maus” unter dem Tuch zu fangen. Von außen sind die Bewegungen der Kinder unter dem Tuch gut mitzuverfolgen.
– Alle in den "Sack":
  In ein stabiles Tuch kann man einige Kinder setzen. Das Tuch wird wie einen "Sack" zusammengerafft. Der "Sack" läßt sich dann über den Boden ziehen. Zum Beispiel: am Schluß der Stunde wir das "Bündel" bis zur Tür gezogen, wo man die Kinder einzeln entlassen kann.

Körperschemamännchen (26)

Körperschemamännchen sind Modelle des menschlichen Körperbaus. Sie bestehen aus den wesentlichsten Körperelementen. Dabei sollte je nach Alters- und Entwicklungsstufe differenziert werden, wieviele Körperelemente beherrschbar sind. Im Handel erhältlich ist ein 16teiliges Modell aus Sperrholz, dessen Elemente durch Kunstoffstopfen verbunden sind. Die Teile sind dadurch zueinander beweglich, und das Modell ist zerlegbar. Es läßt sich auch relativ einfach selbst aussägen (als Verbinder empfehlen wir dann Schrauben aus “Baufix”-Baukästen).
Einfachere Modelle lassen sich auch aus Pappe herstellen. Auch einfache Elemente aus Papier, die nur gelegt werden, erlauben viele Spielmöglichkeiten.

Spielmöglichkeiten:

– Zerlegtes Körperschemamännchen zusammensetzen bzw. die Elemente aus Pappe/Papier so legen wie ein Männchen aussieht.
– Benennen/Beschriften der Körperteile.
– Wir erproben, welche Bewegungsmöglichkeiten das Körperschemamännchen hat.
– Wir erproben, ob wir uns auch wie das Körperschemamännchen bewegen können.
– Wir versuchen herauszufinden, welche Bewegungen das Körperschemamännchen kann, wir aber nicht.
– Wir erproben, welche Bewegungen wir können, die das Männchen nicht kann.
– Wir versuchen, die Stellung des Körperschemamännchens mit unserem Körper nachzuahmen. (Haben wir mehrere Männchen oder Papp-/Pappiermodelle, können die Kinder paarweise abwechselnd mit dem Modell Stellungen vormachen und nachahmen.)

- Wir versuchen, mit unserem Körperschemamännchen die Stellung, die uns ein Kind vormacht, nachzuahmen (auch wieder paarweise möglich).
- Wir versuchen, unseren Partner, der sich passiv verhält, so zu stellen, wie es das Körperschemamännchen zeigt.
- Wir versuchen, die Stellung des Körperschemamännchens, das mit einem Tuch zugedeckt ist, zu ertasten und nachzuahmen.

Sandsäckchen (27)

Günstig ist ein Format der Säckchen von etwa 20 x 20 cm und ein Gewicht von ca. 350 g. Als Füllung eignen sich auch getrocknete Bohnen, Reis oder Linsen.

Wir erproben das Kleingerät und lernen dabei Möglichkeiten zum Umgang damit kennen (Experimentieraufgaben):

- hochwerfen und wieder auffangen (rechts, links)
- mit dem Fuß hochwerfen (rechts, links)
- hochwerfen und mit verschiedenen Körperteilen auffangen (mit den Beinen, im Nacken)
- Sandsäckchen aus verschiedenen Positionen (liegend, kniend, sitzend) hochwerfen und wieder auffangen,

- Sandsäckchen hochwerfen, einmal (mehrmals) klatschen und wieder auffangen,
  Sandsäckchen hochwerfen und sich während des Fluges drehen.
- auf den Kopf legen, gehen, laufen;
  sich das Säckchen gegenseitig herunterwischen,
- auf den Fußrist legen und auf einem Bein durch die Halle hüpfen;
- Wer kann mit dem Sandsäckchen auf dem Kopf sich hinsetzen, hinlegen (Bauch/Rücken) und wieder aufstehen?

Das Sandsäckchen als Wurfgerät zum Partner:

- sich gegenseitig das Säckchen zuwerfen,
- sich unter Aufgabenstellungen Säckchen zuwerfen;
  hoch, flach, im Bogen, beidhändig, rechts, links, rückwärts mit Kommando "hopp",
  desgl. Fänger dreht sich erst beim Kommando,
  im kleinen oder im großen Abstand, in Bauchlage, sich zwei Säckchen gleichzeitig zuwerfen.

Mit einem Partner:

- "Apportieren". Der Partner wirft das Säckchen weit weg, und ein Schüler bringt es aufrecht laufend zurück, wie ein Känguruh hüpfend, auf allen vieren.
- Die Kinder stehen in Grätschstellung Rücken an Rücken. Sie reichen das Säckchen durch die gegrätschten Beine und geben es über dem Kopf zurück.
- Im Winkelsitz; Säckchen zwischen den Füßen eingeklemmt, eine ganze Drehung machen und dem anderen "in der Luft" übergeben.
- Wie zuvor, nur nach einer halben Drehung zurückrollen und das Säckchen dem Partner vor die Füße legen. Die Füße sind immer in der Luft.

Aufgaben zum Körperschema:

- Sandsäckchen mit verschiedenen Körperteilen transportieren (Schulter, Nacken, Kopf, Bauch),
- Partneraufgabe: Sandsäckchen liegend auf verschiedene Körperteile legen und erspüren (Berührungsreize).
- Das Säckchen wird vom Partner für kurze Zeit auf verschiedene Körperstellen gelegt. Wir versuchen, die Körperstellen nacheinander zu zeigen oder zu nennen.
  Wieviele Körperstellen können wir uns in der richtigen Reihenfolge merken?

Mit geschlossenen Augen:

- über Sandsäckchen laufen bzw. sich einen Weg erfühlen,
- den Inhalt erfühlen.
- Die Hälfte der Kinder stellt sich mit dem Gesicht zur Wand, die andere Hälfte verteilt sich im Raum. Einer läßt sein Säckchen fallen und hebt es gleich wieder auf. Die Teilnehmer an der Wand müssen erraten, wer dies war?
- Die Gruppe stellt sich mit dem Gesicht zur Wand. Der Lehrer wirft ein Sandsäckchen in den Raum. Die Kinder versuchen mit geschlossenen Augen, das Säckchen zu finden.

Rhythmisch-musikalische Erziehung:

- Alle sitzen im Kreis. Die Sandsäckchen werden im Rhythmus auf den Boden fallengelassen.
- mit Musik- bzw. Orffinstrumentarium Rhythmus vorgeben,
- mit Körperinstrumenten Rhythmus vorgeben.

Hindernisstaffel als Gruppen- oder Einzelwettbewerb:

- Die Schüler gehen/bewegen sich über Hindernisse (Kästen, Kastenteile, Stühle, Tische, Holzklötze u.a.) mit einem Sandsäckchen auf dem Kopf, ohne es zu verlieren.

Kleine Spiele:

- wie Tigerball, Haltet das Feld frei, Wettwander-"Ball", Treib-"Ball", Brenn-"Ball" (Säckchen muß zum "Brennmal" zurückgetragen werden).

Schleuderhörner/Heulschläuche (28)

Sie sind schon aufgrund ihrer phosphorisierenden Leuchtfarben für die Kinder sehr attraktiv.
Außer dem Schwingen und Heulenlassen der Schläuche (einarmig, beidarmig, aus Schulter-, Ellbogen- oder Handgelenk, schnell = hoher Heulton, langsam = tiefer Heulton) hat sich das Zusammenbauen der Schläuche mit Verbindungselementen als interessante Spielmöglichkeit erwiesen. Als Verbindungselemente werden von Heulschläuchen ca. 10cm lange Stücke längs aufgeschnitten.

Nun lassen sich Heulschläuche zu Ringen oder zu langen "Telefonleitungen" verbinden (selbst über mehr als 10m kann man sich durch die Leitung noch flüsternd unterhalten).
So lassen sie sich auch in rhythmische Spiele, Rollenspiele oder Märchen einbinden.

Baumwolltücher (29)

Tücher sind in unterschiedlichen Materialien, Farben und Größen erhältlich; als Spielmaterial laden sie zum Verstecken, Verkleiden, Zudecken ein.
Dem Einfallsreichtum der Kinder kann durch offene Unterrichtssituationen entsprochen werden.

Angebote und Situationen für die Praxis:

- Zusammengelegte Tücher auffalten
- Tücher nach Größen, Farben, haptischen Eigenschaften (weich, rauh, zart ...) sortieren
- Bestimmte Körperteile auf akustischen oder visuellen Reiz (Karten mit Piktogrammen, Schlagwörter...) mit einem Tuch bedecken

- Körperteile beim Partner bedecken
- Körperteile verbinden, Knoten, Schleifen... üben
- Ein Tuch hochwerfen und mit dem Kopf bzw. mit anderen Körperteilen auffangen
- Ein Tuch verknoten, dem Partner zuwerfen und entknoten
- Ein verknotetes Tuch auf eine Zielscheibe, in einen Behälter oder in den Basketballkorb werfen
- Gegenstände in die Tücher einwickeln (Radiergummi, Schuhlöffel, Glocke...)
- sich oder einen Partner in das Tuch verpacken
- Verkleidungsspiele (eine Rolle pantomimisch darstellen–Hexe, Tänzerin, Pirat, Sultan ...)

Bewegungsgeschichte:
"Der kleine Seeräuber"
Das Schiff der Seeräuber wird von einem Sturm erfaßt. Der Sturm entwickelt sich zu einem Orkan. Das Schiff zerschellt an einem Felsen. Die Seeräuber schwimmen, um rettende Inseln zu erreichen. (Windwirkung mit den Tüchern darstellen, Musikuntermalung, Wellenbewegung, Inseln durch kleine Kästen u.ä.)
Visuelle Wahrnehmung: Farben
Kategorisieren: z. B. auf den roten Tüchern die Holzinstrumente, auf den grünen Tüchern die Fellinstrumente, auf den blauen Tüchern die Metallinstrumente usw.

Chiffontücher (30)

Die anderen Materialen Eigenschaften des Chiffontuches gegenüber den Baumwolltüchern erlauben wieder andere Erfahrungen. Insbesondere das weich und langsam flatternde oder fliegende Tuch läßt viele Spielvarianten zu.

Hand-Auge-Koordination
- werfen und auffangen,
- Jonglierübungen mit einem oder mehreren Tüchern (dabei die Tuchmitte verknoten oder einen kleinen Ball hineinbinden)
- etwas transportieren auf dem gespannten Chiffontuch (zu zweit oder mit mehreren Personen/Geschicklichkeitsspiele),
- schnell-langsam (verschieden schwere Gegenstände einwickeln), hochwerfen oder sich gegenseitig zuwerfen.

Körperschema
- über verschiedene Körperteile streichen,
- sich verkleiden

Krabbelsack (Zaubersack) (31)

In einem Säckchen sind verschiedene Gegenstände, die ertastet werden sollen. Im Säckchen können sein:
- verschiedene Materialien (Watte, Stein, Schleifpapier, Holz, Stoff u.a.)
- verschiedene Formen von Flächen (Dreieck, Rechteck, Quadrat, Kreis u.a.)

- verschiedene Formen von Körpern (Kugel, Würfel, Quader, Zylinder u.a.)
- Buchstaben aus Holz
- Zahlen aus Holz
- gleichartige Formen in verschiedenen Größen
- gleichartige Formen aus verschiedenen Materialien

Aufgaben:

- Greife in den Sack und hole alle Gegenstände heraus, die sich angenehm/unangenehm für dich anfühlen.
- Greife in den Sack, "krabble" nach einem Gegenstand, benenne ihn (z.B. Watte, Dreieck, großer Würfel o.a.).
- Außerhalb des Sackes liegen die selben Gegenstände wie im Sack. Greife in den Sack, "krabble" nach einem Gegenstand, finde ihn unter den außerhalb liegenden Gegenständen wieder.
- Greife in den Sack und suche einen bestimmten Gegenstand (z.B. den Buchstaben B, den Stein, die kleinste Kugel o.ä.).

Verknüpfen der ertasteten Gegenstände mit großräumigen Bewegungshandlungen

- Ertastete Form (geometrische Form, Buchstaben, Zahlen) mit Tau, Seil, Bleischnur nachlegen.
- Ertastete Form im Raum nachgehen, nachfahren.

Krabbelsack als Element in komplexen Spielhandlungen:

- Im Krabbelsack sind Zahlen. Nacheinander darf jeder aus der Gruppe eine Zahl erfühlen und dann nennen. Es soll dann so oft gerannt, gesprungen, geprellt o.a. werden. Jede Zahl darf nur einmal genannt werden.
- Staffelspiel (der Weg ist rennend, hüpfend, krabbelnd o.ä. zurückzulegen), der Krabbelsack liegt am gemeinsamen Wendepunkt. Gruppe 1 soll die Würfel, Gruppe 2 die Kugeln usw. herausholen und zurückbringen.
- Am Ende einer "Dschungelexpedition" (Gerätelandschaft) soll im Krabbelsack ein bestimmter Gegenstand ertastet werden.
- Oder: im Sack sind Zahlen. Jede der numerierten Gruppe hat von ihrer "Expedition" ihre Nummer (evtl. auch mehrstellige) zu ertasten und mitzubringen.

Gymnastikbänder/Knies-Bänder (32)

Freies Probieren der Bewegungsmöglichkeiten (z.B. Kreisschwünge, Schlange, Spiralen) zu Musik. (Musikcollage mit Stücken in unterschiedlichen Tempi, Rhythmen und Stilrichtungen regt zu wechselnden Formen der motorischen Umsetzung an). Vorgabe: die Ausführenden dürfen sich nicht berühren!

- Das Band wird in einer bestimmten Form ausgelegt. Diese soll nachgelegt werden, entweder mit Hilfe der Vorlage oder aus dem Kopf.
- Die Schüler stehen in Kreisform und bilden mit den Bändern einen Stern. Sie gehen, laufen oder hüpfen auf der Kreisbahn, ohne daß die Bänder durchhängen oder sich verwickeln dürfen.
- Partner ziehen sich gegenseitig an den Bändern heran, mit offenen und dann mit geschlossenen Augen. Das Band darf durchhängen.

- Bewegungsimprovisation zu einem Thema mit Musik; z.B. "Zauberwesen wachen um Mitternacht auf und tanzen" zur Musik.
- Spiegelbildimprovisation: In Gruppen stehen sich jeweils zwei Partner gegenüber und imitieren sich spiegelbildlich.
- Zusätzlich kann eine Gruppe zur musikalischen Improvisation eingesetzt werden, so daß die Partner nicht nur sich gegenseitig, sondern auch die Musik beachten müssen.

Holzklötze (33)

Eine sinnvolle Ergänzung der Ausstattung von Sportstätten, in denen Kinder im Grundschulalter unterrichtet werden, kann durch die Selbstanfertigung von Holzklötzen erfolgen. Diese sollten etwa in der Größe eines "Bausteines" von 30 cm Länge, 20 cm Breite und 10 cm Höhe angefertigt werden. Eine Menge von zirka 40 Stück erscheint ausreichend.
Als Ersatz können auch im Sportfachhandel angebotene "Stab- und Reifenhalter" aus Holz als Unterlagen neben ihrem vorgesehenen Verwendungszweck für Aufgaben zur Gleichgewichtsförderung Verwendung finden.

Aufgaben damit können z.B. sein:

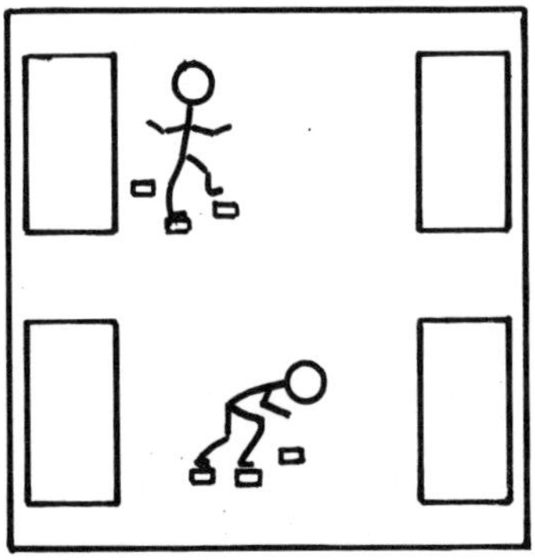

- Über Holzklötze balancieren und damit einen "Sumpf" überqueren.
  Der Boden darf nicht berührt werden.
  Variation: Können wir einen Tennis-Ring auf dem Kopf über die Holzklötze transportieren?
  Gelingt dies auch mit einem Sandsäckchen?
- Wer kann mit Hilfe von drei Klötzen vorwärts kommen? Als Wegstrecken können Matten im Abstand von 3-5 m zum Einsatz kommen. Für "Fortgeschrittene" können auch drei Dosen verwendet werden.
- Bauen von schwer begehbaren " Wegen und Stegen" in der Sporthalle aus Holzklötzen, Teppichfliesen, Bierdeckeln, Dosen, Bänken, kleinen Kästen und Therapiekreiseln.
- Partneraufgabe zum Fangen und Werfen: Ein Schüler steht auf zwei Holzklötzen. Der andere Schüler wirft einen Schaumstoffball.
- Es werden immer zwei Holzklötze aufeinandergelegt. Gelingen damit auch Aufgaben zur Gleichgewichtsschulung?
- Gruppenwettkampf:
  Zwei Matten liegen in der Halle etwa 10-12 m auseinander. Es werden zwei Parteien gebildet, und jeder Partei wird eine Matte zugeordnet. Auf den Matten liegen jeweils 20 Holzklötze. Von den Mannschaftsmitgliedern können von der gegenüberliegenden Matte Klötze geholt werden. Da-

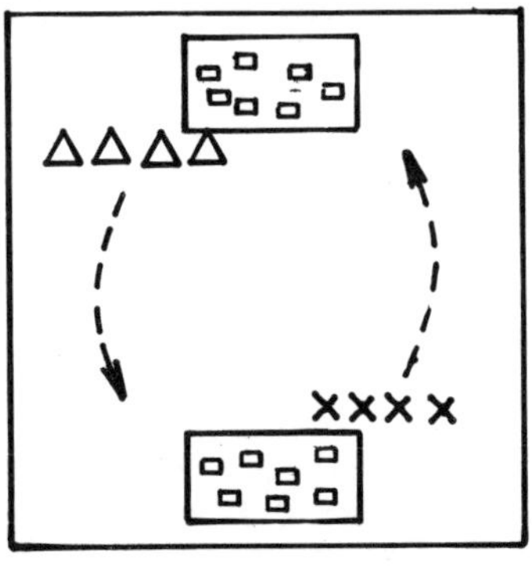

bei ist ein vorgegebener Laufweg (Laufrichtung) einzuhalten. Es darf bei einem Lauf jeweils nur ein Klotz transportiert werden. Läufer dürfen nicht behindert werden. Welche Partei hat nach einer vorgegebenen Zeit (z.B. 1, 2 oder 3 Minuten) die meisten Klötze in ihrem Besitz auf ihrer Matte?

Schaumstoffteile/Schaumstoffwürfel (34)

- Mit den Schaumstoffteilen einen Turm (Haus, Brücke, Höhle, Gegenstand aus dem Alltag/Klassenzimmer)bauen.
- Kinder zeichnen etwas auf, andere sollen versuchen, es mit den Schaumstoffteilen nachzubauen.
- Lehrer/in gibt Formen auf Zeichnungen vor, und die Schüler bauen sie nach.

Zur Initiierung von Spielen in Verbindung mit Zahlen sind Schaumstoffwürfel mit Punkten oder Zahlen vielseitig einsetzbar.

Kriechtunnel (35)

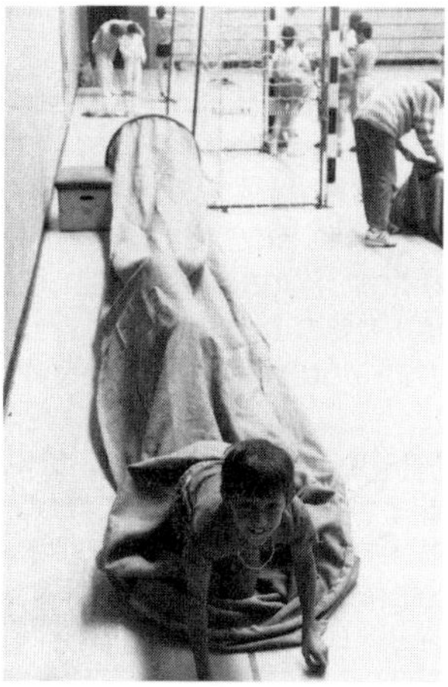

Die Segeltuchröhre erweitert die Betätigungsmöglichkeiten in Kinderzimmer, in Klassenzimmer und in Sporthallen.

Einsatzmöglichkeiten könnten sein:

- Durchkriechen im Rahmen von Bewegungsgeschichten und Gerätebahnen
- Verschiedene Gegenstände, die im Tunnel liegen, müssen ertastet und danach so beschrieben werden, daß ein anderes Kind den Gegenstand im Tunnel wiederfindet (durch Ertasten oder visuell).
- Schüler verstecken sich im Tunnel und müssen an ihren Stimmen erkannt werden.

Sportkreisel/Therapiekreisel (36)

Geschicklichkeitsspiele (Übungen zur Förderung des Gleichgewichtssinns)

- Balance halten: beidbeinig, einbeinig, sitzend, liegend, usw.)

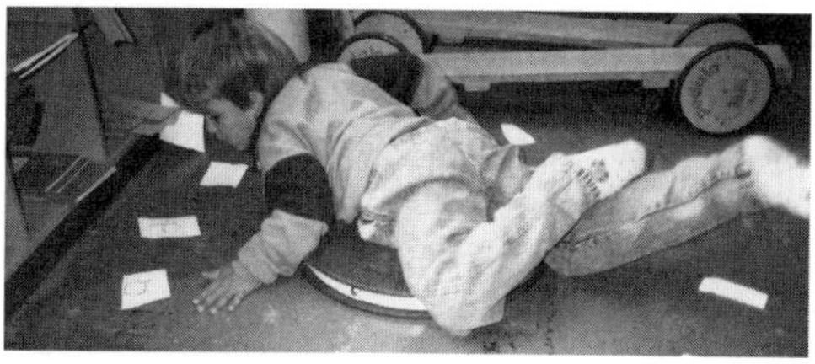

Stelzen (37)

Stelzenlaufen hat für viele Kinder eine große Anziehungskraft. Mit Stelzen kann man Selbstsicherheit gewinnen.

Besonders in Holland und Belgien ist Stelzenlaufen Volkssport (z.B. Umzüge in Merchtem). Dieses gründet auf einem alten Brauch, der darin bestand, mit Stelzen morastigen Boden zu durchwaten (JESPERS u.a. 1982, S. 49).
Ebenso sind aus einem Gebiet im Südwesten von Frankreich ("Les Landes") Schafhirten als gute Stelzenläufer bekannt. Auch sie benutzten Stelzen, um trockenen Fußes über morastige und überflutete Gebiete zu stapfen.
Im Jahre 1891 lief ein Bäcker aus "Les Landes" auf Stelzen in 58 Tagen von Paris nach Moskau.

Handhabung:

Anfänger sollten lange Holzstelzen benützen. Die Stelzen müssen so lang sind, daß sie hinter und über die Schultern reichen. Die Stelzen werden mit gebogenen Armen hinter die Schultern geschoben. Zum Vorwärtsgehen werden sie festgehalten und wechselweise mit den Händen hochgezogen.
Für Schüler haben sich Stelzen mit in der Höhe verstellbaren Backen bewährt. Stelzenfüße mit Gummikappen eigenen sich besonders für Sporthallenböden und bieten auch bei Schräglage einen guten Halt.

Übungs- und Spielformen:

- Aufsteigen üben mit dem Rücken an einer Wand
- Aufsteigen von einer höheren Ebene: Langbank, Kastenteil.
  Ein Helfer hält das Stelzenpaar von hinten am oberen Ende fest.
- Mit Stelzen vorwärts gehen
- Zu vorgegebenen Zielen schreiten: von Hallenwand zu Hallenwand, zum Basketballkreis, mit Klebeband markierten Zielen.
  Wem gelingt dies ohne abzusteigen?
- Wer kann rückwärts, wer kann seitwärts gehen?
- Slalomgehen mit Stelzen um Hindernisse herum
- Über verschiedene Unterlagen schreiten: Turnläufer, Gummimatte, Reifen, Matten
- Steigen über Hindernisse: Stäbe auf Holzklötzen bzw. Stab- und Reifenhaltern
- Einen Hindernisparcours mit Stelzen begehen
- Einem Vordermann mit Stelzen folgen. Der Nachfolger macht die Bewegungen des Vordermannes nach.

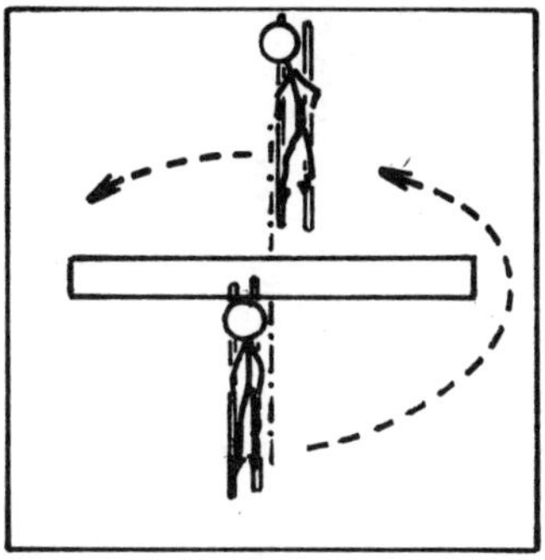

- 6-Tage-Rennen:
  Rechts und links, etwa in der Mitte einer Langbank stehen zwei Läufer auf Stelzen. Eine Laufrichtung um die Bänke ist festgelegt. Gelingt es einem Stelzenläufer, seinen Mitschüler einzuholen?

- Einen Wasserball treiben
- "Stelzenballspiel": Zwei Mannschaften mit je 2-3 Spielern spielen mit einem Wasserball in einem mit Langbänken begrenzten Spielfeld.

Laufdollies (38)

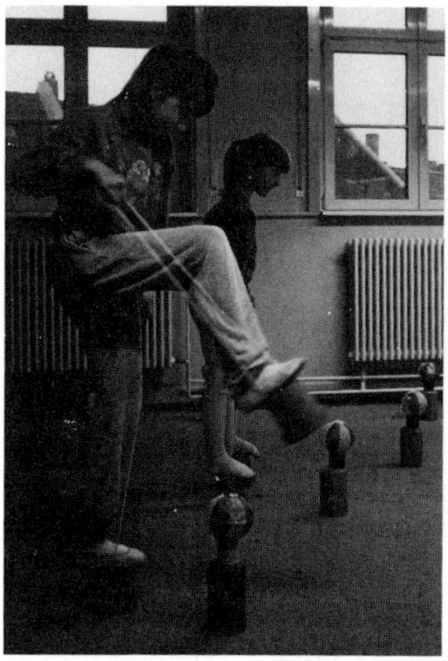

Gleichgewichtspiele: Parcours durchlaufen und dabei verschiedene Aufgaben bewältigen.

Hüpfbälle (39)

Sie eignen sich natürlich besonders zum freien Spiel auf dem Pausenhof.
Aber auch im Unterricht sind sie eine Bereicherung bei der Koordinationsschulung, da das Beherrschen des Hüpfballes in unterschiedlichsten Situationen hohe Anforderungen an Gleichgewicht, Kraft und Dynamik stellt.

Hüpfen auf verschiedenen Untergründen:

Im Freien:

- auf Asphalt,
- auf Pflastersteinen,
- auf Rasen,
- Schotterflächen,
- von einem Untergrund auf den anderen: vom Asphalt auf Pflaster; vom Pflaster auf Rasen; u.ä.,
- leichte Steigungen bergauf und bergab,
- parallel zum Hang,
- schräg zum Hang.

In der Turnhalle:

- auf anderem Boden, in den Fluren, Umkleideräumen,
- auf Turnläufern,
- auf Turnmatten,
- auf Weichbodenmatten,

Über Geräte:

- Mit Stäben, Ständern, Stabverbindern bauen wir einen Hüpfparcours. Wie hoch dürfen die querliegenden Stäbe sein, daß ein Überspringen noch möglich ist?
- Über eine Kastentreppe; wie hoch können die Stufen sein? Wie breit müssen sie sein? Kann man auch abwärts hüpfen (Vorsicht! vorne sichern)?
- Auf einer "Wellenbahn", d.h. durch Unterlegen des Turnläufers mit Turnmatten, Sprungbrettern o.ä. werden Wellen gebildet, die man hinauf- und hinunterhüpft; wie hoch/steil können die Wellen sein, daß wir sie noch bewältigen?

Spiele:

- Fangen; (Jedes Kind hat einen Hüpfball) wer abgeschlagen wird,ist neuer Fänger,
- Hasenjagd: In einem abgegrenzten Raum versuchen mehrere "Jäger" auf Hüpfbällen durch geschickte Kooperation die rennenden "Hasen" zu fangen. Abgeschlagene müssen sich setzen.
  Variation: Befreien ist möglich.
- Brückenfangen: die Brückenwächter bewegen sich auf Hüpfbällen.
- Staffelspiele (auch über Hindernisse, Wellenbahn o.ä.)

Frisbee-Scheibe (40)

Miteinander Spielen mit der Frisbee-Scheibe ist eine weit verbreitete Betätigung in der Freizeit.
Erhältlich sind Scheiben aus Plastik und neuerdings auch aus Schaumstoff.
Das Spielen mit Scheiben wurde angeblich durch amerikanische Studenten entdeckt, die ihre Pizza auf einem Aluminiumteller serviert bekamen und mit diesem Teller "Kunststücke" durchführten (nach KLOEN 1986). Man sprach von Frisbee, weil die Firma, welche diese Teller herstellte, "Frisbee Pie Company" hieß.
Mit Schaumstoff-Scheiben erreichen besonders jüngere Schüler schneller einen Wurf. Da der Schwebevorgang verzögert abläuft, ist das Fangen für den Mitspieler erleichtert.

Spielformen:

- Wir spielen einem Partner die Scheibe zu.
  Variation:
  - Welche Gruppe erreicht die meisten Zuspiele?
  - Wir zählen die Würfe ohne Bodenkontakte?
- Wer wirft die Disc am weitesten?
  Welche Disc bleibt am längsten in der Luft?
- Kreisaufstellung der Sportgruppe:
  Jeder Mitspieler hat die Aufgabe, die Scheibe einem beliebigen Gegenüber zuzuspielen. Es können auch mehrere Scheiben verwendet werden.

Variation: Ein Spieler steht in der Mitte und versucht, die Zuspiele abzufangen ("Tiger"). Wer fängt die meisten Zuspiele ab?

- Zielwürfe:
  in einen umgedrehten Kastendeckel,
  durch einen aufgehängten Reifen,
  auf einen auf dem Kasten liegenden Medizinball,
  auf eine an der Hallenwand aufgemalte oder mit einem Klebeband markierte Fläche.
- Zwei-Felder-Spiel:
  In jedem Feld sind zwei Spieler. Man spielt mit ein oder zwei Scheiben. Punkte können erreicht werden, wenn die Scheibe im Feld der Gegenpartei landet.

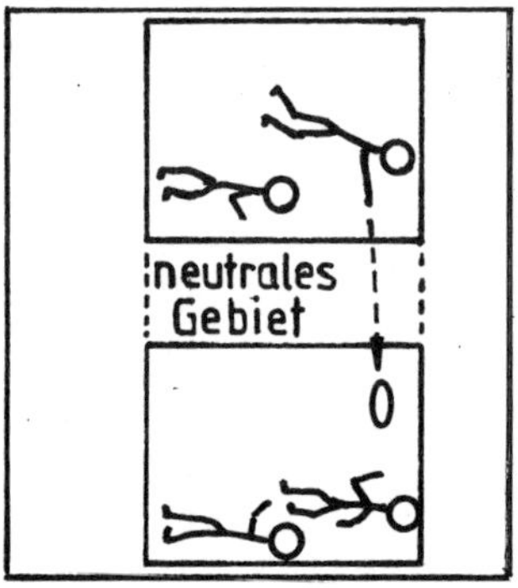

Mannschafts-Frisbee:

Zwei Mannschaften versuchen, die Scheibe auf der gegnerischen Weichbodenmatte aufkommen zu lassen bzw. sie dort abzulegen. Die Scheibe wird den Mannschaftsmitgliedern zugespielt. Es dürfen höchstens drei Schritte mit der Scheibe gelaufen werden. Welche Gruppe erzielt die meisten Malpunkte bzw. "Tore"?

Bumerang (41)

Ein Bumerang eignet sich als Wurfgerät, das vielfältige Wurf- und Fangvarianten - auch auf engem Raum ermöglicht.
Vor allem als Sportgerät auf dem Freispielfeld können mit dem Bumerang Zielwürfe, Weitwürfe und Kunstwürfe spielerisch geübt werden.
Vielleicht gelingt nach langem Üben sogar ein echter Bumerang-Wurf, bei dem der Bumerang tatsächlich in die Nähe des Ausgangspunktes zurückkommt.
(Sie zweifeln ? - Probieren Sie es zusammen mit Ihrem Kind selbst aus oder gönnen Sie sich einen Urlaub in Australien; die Aborigines sind Spezialisten ...)

Ziehtau (42)

a) Aufgaben mit dem Ziehtau

Die Schüler halten das Tau und führen Lauf-, Hüpf- und Balanceübungen durch. Darüberhinaus fordern die bekannten Aufgaben zum Ziehen heraus.

- Das Tau wird in der Gruppe wie eine "Riesenschlange" spazieren getragen
- das Tau wird als Schlauch eines Feuerwehrautos über einen Parcours getragen (über Langbank, durch Kastenteil, über ausgestellte Sprossenwand)
- wir gehen über das Tau wie ein Seiltänzer; dazu einen Tennisring auf dem Kopf balancieren
- auf allen vieren über das Tau gehen
- über das Tau hüpfen: einbeinig, beidbeinig
- Tauziehen mit zwei Gruppen

b) Zwei in der Mitte zusammengeknotete Taue

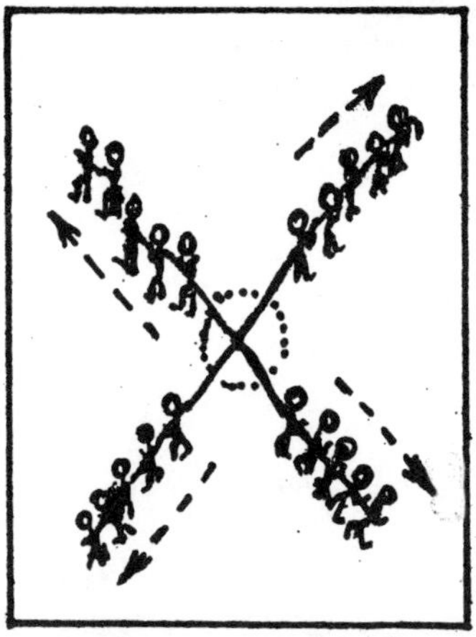

– Tauziehen mit vier Mannschaften an zwei zusammengeknoteten Tauen (Blickrichtung in eine Hallenecke, Griff vor Kopf)

c) Rundziehtau

– Die Kinder fassen das Rundtau mit beiden Händen. Ein oder zwei Spieler in der Mitte versuchen, die Hände der Mitspieler zu treffen. Diese versuchen durch Loslassen dies zu verhindern. Fällt das Tau zu Boden oder wird ein Spieler an den Händen getroffen, geht dieser in die Kreismitte.

– Fangspiel "Der Krake kommt"
Drei Kinder fassen das Rundtau und versuchen, die Mitspieler abzuschlagen. Die Abgeschlagenen fassen das Tau. Wenn es am Tau zu eng wird, verlängern die Kraken ihre Fangarme, d.h. ein Fänger hält einen Mitschüler an der Hand.

– "Eisenbahn und Eisenbahnstaffel"
Etwa 3-6 Schüler stehen im Rundziehtau. Der "Zug" fährt Kurven, überwindet Hindernisse (Kleinkästen, Bänke), fährt über Brücken (Kastenreihe), durch Tunnels und läßt Kinder an Bahnhöfen (Matten) aussteigen.
– Katz und Maus
– "Kreisziehen" am Rundziehtau

Springseile (43)

Es bedarf angesichts der vielseitigen Anregungen in der Literatur sicher keiner weiteren Beschreibung der Einsatzmöglichkeiten von Springseilen im Sportunterricht, deshalb hier nur ein Hinweis zur Anschaffung.
Sollte Anschaffung von Seilen anstehen, so empfehlen wir farbige (blau, gelb, grün, rot), stabile (ca. 1 cm dick), ca. 2,5 m lange Seile. Sie werden durch die Farben noch vielseitiger einsetzbar und sind stabil genug, um sie auch zum Festbinden und Sichern von Geräten zu verwenden.

Parteibänder (44)

Als Kennzeichnungs- und Orientierungshilfe für Schüler und Spielleiter haben sich farbige Parteibänder bewährt. Vom Handel werden diese in mehreren Farben angeboten. Eine ausreichende Anzahl von Bändern in mindestens sechs Farben sollte in der Sportstätte vorhanden sein.

Verwendungsmöglichkeiten:

a) Kleine Spiele

- Kennzeichnung von Fängern (bei Fangspielen wie Einfaches Fangen mit und ohne Freimale, Verzaubern-Versteinern, Linienfangen, Jäger und Hase)
- Markierung eines zu schützenden Spielers in der Gruppe (z.B. Kreisfangen, Habicht und Henne)
- Kennzeichnung von Spielgruppen (z.B. Tag-Nacht, Verkehrsspiele, "Einreihen auf dem Kastenturm", Gruppenwettläufe, "Schatz bewachen", Wanderball)
- das Parteiband als sichtbares Zeichen von Erfolgen (z.B. Sechs-Tage-Rennen, Brückenwächter, Brennball)

b) das Parteiband als Impuls für Bewegungsaufgaben

- Paarlaufen mit dem Parteiband
- Pferdchen-Spiel
- "Dreibeinlaufen"

- das Parteiband als Spielobjekt (z.B. "Schwänzchenfangen")
- als Platzsuchaufgabe zum Reaktionsvermögen und zur optischen Differenzierung
- Sprung in das freie Band ("Bänderwabe")
- Reise nach Jerusalem mit Bändern

c) Ballspiele

- zur Kennzeichnung von Spielgruppen im Rahmen einer Spiel- und Übungsreihe zu den Großen Spielen (z.B. Balltreiben, Bälle von der Bank, Kastentorball, Burgball)
- Spiele in kleinen Gruppen (Überzahl, Gleichzahl)
- Mannschaftsspiele: von der Kleingruppe mit vereinfachten Regeln zum Großen Spiel (Fußball, Handball, Basketball, Hockey).

Reifen (45)

Zu Beginn der Beschäftigung mit diesem Kleingerät ist den Kindern zum Erproben des Reifens genügend Zeit einzuräumen. Es sollte dazu für jedes Kind mindestens ein Reifen zur Verfügung stehen. Offene und halboffene Bewegungssituationen mit Anweisungen wie "Wer kann?" oder "Wie kann man?" setzen für das Kind Impulse zur Auseinandersetzung mit dem Gerät.
Oft sind gemeinsames Suchen und Bemühen wesentliche Bestimmungsstücke im Lehr-/Lernprozeß. In kleinen Lerngruppen mit etwa acht Kindern kann dieser um so intensiver und auch partnerschaftlicher erfolgen. Eine "Wer-Kann-Lernatmosphäre" begünstigt die Aktivitätsformen. Ebenso werden von den Schülern "Kunststücke" "gefunden", den Mitschülern gezeigt und von diesen nachgemacht.

Beispiele:

Individualerfahrungen

- Wer kann den Reifen drehen?
- Wer kann den Reifen drehen und dann hineinspringen?
- Wir springen in den Reifen und hüpfen heraus.
- Wir laufen um den liegenden Reifen (vorwärts-rückwärts-seitwärts).
- Wir balancieren auf dem liegenden Reifen.
- Wer kann den Reifen rollen?
- Wer kann den Reifen antreiben (mit der rechten, mit der linken Hand)?
- Wer kann den Reifen hochheben und ihn fallen lassen, ohne daß er vom Reifen berührt wird?
- Wer kann durch den rollenden Reifen springen?

Erfahrungen mit dem Partner

- Einen "Blinden" im Reifen führen.
  Zwei Spielideen: Der Reifen ist "glühend" heiß. Es gibt der den Reifen tragende äußere Schüler die Fortbewegungsrichtung an.
  Nun "führt" der im Kreis befindliche Schüler.
- Pferd und Wagen:
  Ein Kind steht als "Pferd" im Reifen. Der Partner hält den Reifen von außen und "führt" durch den Raum.
- Bäume im Wind:
  Die Partner stehen Rücken an Rücken und halten mit gestrecken Armen den Reifen. Die "Bäume" beugen sich im Wind.
- In den liegenden Reifen im Wechsel mit einem Partner springen.
  Variation: mehrere Reifen hintereinander.
- Aus- und Einsteigen:
  Durch den vom Partner waagrecht oder senkrecht gehaltenen Reifen steigen oder durchkriechen.
- Einen Partner mit dem Reifen "umrollen".
- Dem Partner einen Reifen zurollen.
- Zwei Spieler, zwei Reifen: Die Partner rollen sich gleichzeitig Reifen zu.

- Die Spieler drehen ihre Reifen und wechseln dabei die Plätze.
  Variation: 6-Tage-Rennen, d.h. die Plätze werden gewechselt so lange die Reifen sich drehen.
- Reifenreihe

Mehrere Reifen werden hintereinander auf den Boden gelegt. Die Reifen sind eine Grundsituation für: Laufen, einbeiniges Hüpfen, Springen.
Die Zahl der Reifen wird gesteigert.

- Kombination Reifen und Ball:
  dem Partner den Ball durch den Reifen zuprellen, durch den gehaltenen Reifen werfen (Zielwürfe) u.a.

Spielformen: Erfahrungen mit dem Reifen in der Gruppe

- Kreisel: "Ausflüge" beim drehenden Reifen.Solange sich der Reifen dreht wird im Raum gelaufen. Wenn er fällt, stehen alle um den Reifen."

- Freunde suchen:
  Reifen werden im Raum ausgelegt. Die Schüler laufen um die Reifen. Auf ein Signal des Lehrers (Zuruf, akustisches Signal, Karte) zu dritt, viert usw. in einem Reifenzusammenfinden.
- Der Reifen als Häuschen:
  Jedes Kind hat sein Häuschen (liegender Reifen). Es werden "Ausflüge" gemacht. Wer findet nach einem Signal (Tamburin, Hupe, Karte, Aufhören von Musik) sein Häuschen wieder?
- Freundliche Menschen:
  Wir klopfen an jedem Häuschen einmal an (auf den Boden schlagen) und kehren in unser Häuschen zurück.
- Mitternachtsgeister:
  Erklingt der Ton eines Beckens sitzen wir im Reifen. Wenn nichts mehr zu hören ist, schleichen die Geister um die "Häuschen".
- Reifentanzen:
  Reifen liegen in der Halle. Jedes Kind dreht einen Reifen. Nun kommen weitere hinzu. Gelingt es, alle Reifen in Drehung zu halten?
- Reifenschlange:
  Jeder Mitspieler hat einen Reifen und hält sich am Reifen seines Vordermannes fest. Die "Schlange" bewegt sich durch den Raum.
  Variation:
  -Auf Signal wird der "Kopf" zum "Schwanz", und es wird die Laufrichtung gewechselt,
  -Auf ein Signal mit dem Tamburin läuft der letzte Spieler zum "Kopf" und führt nun die "Schlange" an.
- Reifenklettern:
  Es werden zwei Gruppen gebildet. Eine Gruppe bildet in Kreisform eine Reifenschlange. Die Spieler der zweiten Gruppe steigen durch die gehaltenen Reifen.

– Reifenspringen:

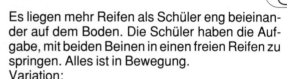

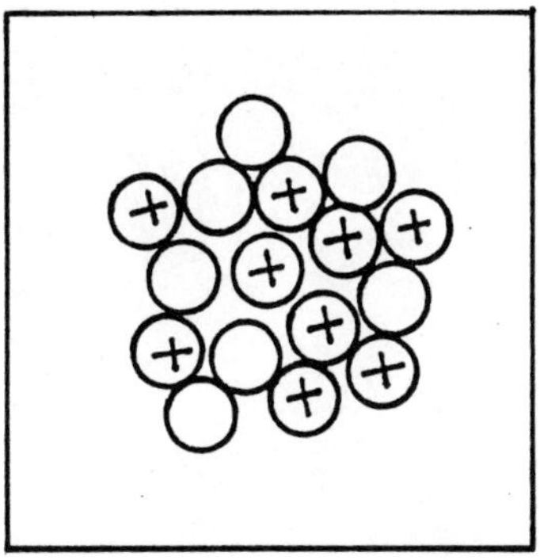

Es liegen mehr Reifen als Schüler eng beieinander auf dem Boden. Die Schüler haben die Aufgabe, mit beiden Beinen in einen freien Reifen zu springen. Alles ist in Bewegung.
Variation:
- Reifenabstände vergrößern,
- die Anzahl der Reifen verringern.

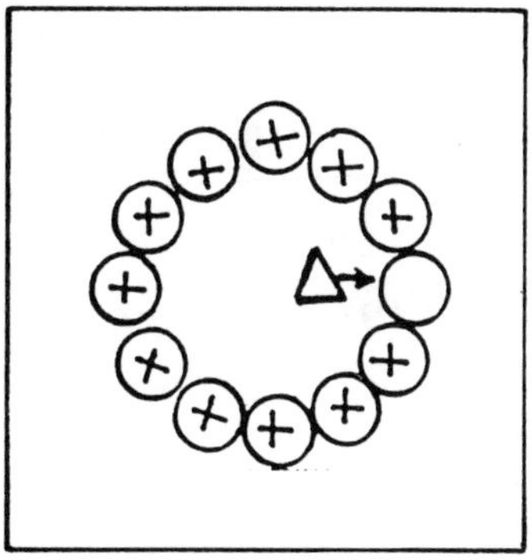

– Sprung in den freien Reifen (Reise nach Jerusalem)
Die Reifen liegen im Kreis. In jedem Reifen steht ein Schüler. Nur ein Reifen ist frei.
Ein Schüler versucht, aus der Mitte des Kreises in diesen freien Reifen zu springen. Gelingt ihm dies, darf er in dem Reifen bleiben und der Nachfolger tritt an seine Stelle.
– Variation: Richtungswechsel.

Stäbe (46)

Es sollen hier nicht die weithin bekannten Möglichkeiten des Einsatzes von Stäben zu Sport und Gymnastik wiederholt, sondern einige uns wertvoll erscheinende, vielleicht noch nicht so verbreitete Einsatzmöglichkeiten aufgezeigt werden.

Stäbe als Stützhilfen:

Werden normale Gymnastikstäbe mit Gummipfropfen für Gehstöcke (in Sanitätshäusern erhältlich) versehen, können sie als Stützhilfen beim Pedalo oder Rollschuhfahren benutzt werden.
Bei Kombinationen von Rollbrett mit daraufgelegten anderen Geräten (siehe Kapitel Fahrgeräte) sind sie dann auch als “Ruder” zum Anstoßen einsetzbar.

Stäbe als "Rollen"

Unter umgedrehten Bänken oder unter Turnmatten werden Stäbe zu "Rollen". Es lassen sich damit nette Kooperationspiele initiieren, da beim "Fahren" die hinten frei werdenden Stäbe vorne wieder unterlegt werden müssen.

Standfüße und Verbindungselemente für Stäbe:

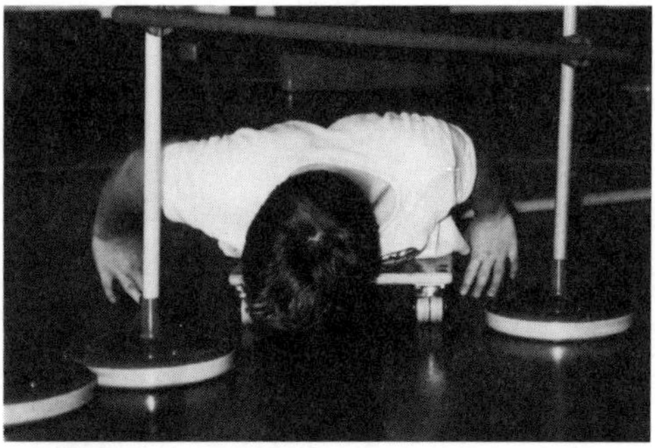

Es sind uns zwei Verbindungselemente bekannt.
Das eine erlaubt es, zwei Stäbe festzuklemmen. Dabei kann der Winkel der Stäbe zueinander durch Verdrehen verändert werden.
Das zweite System ermöglicht das horizontale Auflegen von Stäben. Dabei wird das Auflegeelement auf einen Stab aufgeschoben, der dann senkrecht in einen Standfuß gestellt werden muß.
So lassen sich mittels der Verbindungselemente und der Standfüße vielfältige Hindernisse zum Überspringen, Unterfahren usw. gestalten.

Markierungskegel (47)

Die aus der Baustellenabsicherung in die Turnhalle übernommenen Kegel sind inzwischen auch in unterschiedlichen Farben und Größen im einschlägigen Handel erhältlich und in ihrer vielfältigen Anwendbarkeit als Markierung oder Abgrenzung sicherlich bekannt.
Eine Variante erscheint uns erwähnenswert:
Markierungskegel mit Stablöchern und Reifenhaltern ermöglichen durch drei übereinander angeordnete Löcher an der Seite das Einstecken von Stäben in drei verschiedenen Höhen und durch eine Halterung an der Spitze das Festklemmen von Reifen.

Bälle

Im folgenden Kapitel sollen nicht die für bestimmte Sportarten vorgesehenen Bälle vorgestellt werden. Die aufgeführten Spiel- und Übungsformen sind grundlegender und vorbereitender Art. So ermöglichen die zunächst besprochenen langsam fliegenden Ballarten eine Hinführung aufdasRaum-Zeit-Dynamik-Verhalten von Bällen und das entsprechende Körperverhaltendazu. Darauffolgend werden Bälle mit anderen besonderen "hilfreichen" Eigenschaften (weich, griffig) behandelt. Aufbauend auf die im Umgang mit diesen Bällen gewonnenen Erfahrungen wird für viele Kinder auch ein sportartbezogenes Handeln möglich.

Japanpapierbälle (48)

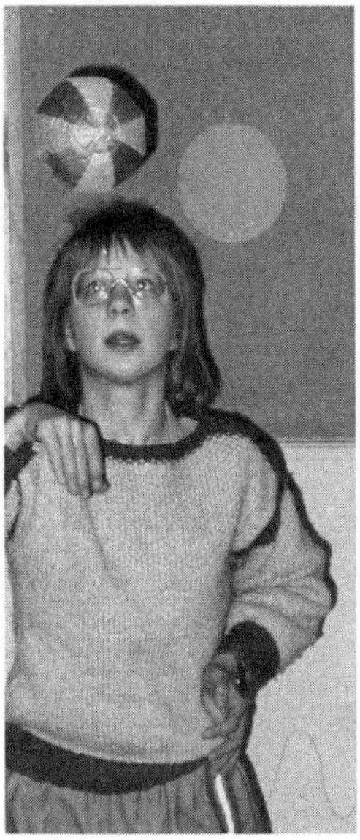

Die besonderen Material- und damit Flugeigenschaften der Papierbälle ermöglichen auch Kindern mit Schwierigkeiten im Umgang mit dem Spielgerät Ball wichtige Erfahrungen. So ist es insbesondere das verlangsamte Flugverhalten, das den Kindern die Anpassung an das Gerät erleichtert. Da auch überschießende und ungenaue Impulse auf den Ball von diesem träge beantwortet werden, ist der Spielerfolg gewährleistet. Nicht zuletzt ist es die "Verletzlichkeit" des Papierballes, die zu materialangepaßtem Verhalten anhält.

Folgende Aufgabenstellungen haben sich in der Praxis bewährt:

- Wer kann die Papierschalen (zusammengelegter Ball) zum Ball zaubern? (Durch das Pusten in die Öffnung des Balles werden die Papierschalen zum Ball)
- Wer kann auf dem Bauch liegend die Bälle in einen Kreis(Viereck, Dreieck...) blasen?
- Wer kann seinen Ball durch ein Dosenlabyrinth steuern?
- Wer kann einen Ball auf einem Klangholz balancieren und eine bestimmte Strecke transportieren?
- Wer kann den Ball 2,3,5....mal auf dem Handrücken hochspielen (rechts, links, abwechselnd....)?

– Wer schafft es auch mit dem Oberschenkel oder Fuß?

Aufgaben in der Gruppe:

– Den Japanball durch Antippen mit dem Handrücken an den Nachbarn weitergeben -in Kreis- oder Rechteckaufstellung als Wanderball-
– Einen Ball auf dem Bauch liegend oder knieend zum Nachbarn weiterpusten-Variation: mit zwei Bällen, die sich einholen können/sollen

Als Staffelspiele:

– Gruppe in Gassenaufstellung.
Das erste Kind jeder Gruppe pustet den Ball durch die gegrätschten Beine. Der letzte Teilnehmer jeder Gruppe läuft mit dem Ball nach vorne usw.bis jedes Gruppenmitglied mitgespielt hat. Welche Gruppe ist zuerst fertig? (Variation: Einen Japanball mit der Hand, auf dem Handrücken, mit zwei Fingern... weitergeben)

Aus Japanbällen und Dosen einen Parcours aufbauen.

– Diesen Parcours auf Laufdollies, mit Rollbrettern ... absolvieren. Dabei dürfen die Japanbälle nicht von den Dosen fallen.

Luftballons (49)

Luftballons haben einen hohen Aufforderungscharakter für Kinder. Sie eignen sich besonders zum Spielen und sich-Bewegen im Klassenzimmer und als Pausenspielgerät.
Die Flugeigenschaften helfen bewegungsbeeinträchtigten Kindern rechtzeitig zu reagieren und die Angst vor dem Fangen abzubauen.

Experimentieren:

– Jedes Kind versucht, seinen eigenen Luftballon aufzublasen.
– Wie klingt es, wenn wir die Luft schnell ablassen?
– Wie klingt es, wenn wir die Luft langsam ablassen?
– Wie klingt es und was passiert, wenn wir den aufgeblasenen Luftballon loslassen?
– Wir machen mit dem aufgeblasenen und zugeknoteten Luftballon Musik.
– Wir streichen, zupfen den Luftballon, patschen und trommeln mit den Fingern auf dem Ballon. Wir schlagen den Ballon auf unseren Bauch, auf den Boden, zwei Luftballons gegeneinander

- Wir berühren den Partner mit den Luftballons im Gesicht, an den Armen, am Bauch, an den Beinen. Was fühlt man? Tut die Berührung weh?
- Wir lassen dem Partner die Luft über das Gesicht, die Arme, den Körper streichen.

Spielen und erproben:

Jedes Kind hat einen aufgeblasenen und verknoteten Luftballon.

- Wir halten den Luftballon in der Luft.
- Wir benützen die Hände, bestimmte Finger, die Fingerspitzen, den Handrücken, die Arme, Schulter, den Kopf, den Oberschenkel, die Füße.
- Wer kann den Luftballon am längsten in der Luft halten?

Spielimpulse auf optische Zeichen:

- Die Kinder finden sich in "Farbgruppen" (rote, blaue, gelbe Luftballons). Welche Gruppe kann ihre Luftballons am längsten in der Luft halten (im Stehen, im Sitzen, im Liegen)?
- Die Kinder beginnen nach Hochzeigen der betreffenden Farbkarten mit dem Spiel und stoppen, wenn eine neue Farbkarte gezeigt wird.
- Alle Kinder spielen gleichzeitig. Die Gruppen sind in der Halle verteilt. Der Lehrer zeigt zwei Farbkarten. Die Kinder wechseln die Plätze. Es darf in der Zwischenzeit kein Luftballon den Boden berühren.

Spielen auf akustische Zeichen:

- Die Musik spielt. Alle Luftballons werden hochgespielt. Bei Musikstop muß ein Luftballon festgehalten werden.
- Bei Musikstop muß man den eigenen Luftballons wiederfinden. Der Letzte gibt ein Pfand.

Spielen auf akustische und optische Zeichen:

- Bei Musikstop treffen sich zwei gleiche Farben und spielen miteinander
- Bei Musikstop treffen sich z.B. bestimmte Farben (durch Hochhalten von Farbkärtchen). Wer keinen Partner findet, gibt ein Pfand oder verliert “ein Leben”.
- Atomspiel
  Bei Musikstop treffen sich 2, 3, 4, 5 Luftballons (Hochhalten von Zahlkärtchen).

Geschicklichkeitsspiele:

- Zwei Partner pressen den Luftballon mit der Stirn, mit der Brust, mit dem Bauch, mit dem Rücken, mit der Hüfte fest. Welches Paar verliert zuletzt den Luftballon?
- Zwei Partner binden den Luftballon ans Bein, ans Fußgelenk. Sie tanzen solange, bis der Luftballon von anderen Paaren zum Platzen gebracht worden ist. Welches Paar "lebt" am längsten?.

Zeitlupenbälle (50)

Der Name dieser Ballart beschreibt schon die Eigenschaften. Das Flugverhalten der "Latexblase" ist verlangsamt und liegt zwischen denen von Luftballons und Normalbällen. Zeitlupenbälle erlauben im Gegensatz zu Luftballons alle Spielweisen, die auch mit Normalbällen möglich sind, allerdings in verlangsamter Form.
Da diese Bälle auch voll aufgeblasen relativ weich sind, bleiben auch bei Fehlbehandlung Negativerfahrungen wie verstauchte Finger oder schmerzhafte Körpertreffer aus. Alles in allem muß dieses Gerät als ideale Vorstufe zu allen Ballspielen (auch Rückschlagspielen) betrachtet werden. So läßt sich auch der einzige Nachteil der Zeitlupenbälle, das etwas ungenaue Flugverhalten vernachlässigen.
Viele Kinder erfahren so (wieder) den Mut, sich mit dem so attraktiven Spielgerät Ball auseinanderzusetzen.

Spielformen

Zur Erfahrung der Material- und Flugeigenschaften eignen sich auch die unter Japanpapierbälle und Luftballons aufgeführten Spiel- und Übungsformen. Intensiviert werden diese Erfahrungen noch, wenn die Kinder die Möglichkeit haben, die Eigenschaften und Spielmöglichkeiten mit verschiedenartigen Bällen zu erproben.

Individualerfahrung

- Hochspielen des Balles mit Händen, Füßen, Knien...
- Prellen am Ort,
- Prellen in der Bewegung,
- Hochwerfen - Auffangen
- Spielen/Werfen gegen die Wand, Auffangen,
- Fortlaufendes Spielen gegen die Wand.

Sind in der individuellen Auseinandersetzung mit dem Ball ausreichend Grundfertigkeiten erlangt, ist es möglich, sich während des Spielens zusätzlich zum Gerät mit dem Partner auseinanderzusetzen.

Spielformen mit Partner

- Versuchen, den Ball abwechselnd mit der Hand (Fuß o.a.) hochzuspielen,
- dto., ohne daß der Ball den Boden berührt,
- Den Ball abwechselnd prellen,
- Abwechselnd gegen die Wand werfen und fangen,
- Abwechselnd mit den Händen gegen die Wand spielen (mit Schlägern),
- Reifenprellen: Abwechselnd den Ball in einen am Boden liegenden Reifen prellen.
- "Zeitlupenball - Tennis":
  Den Ball mit den Händen über eine Bank spielen. Der Ball soll möglichst nur einmal aufspringen.
- dto. mit Tischtennisschläger, Family-Tennis-Schläger.
  (u.U. läßt sich daraus ein Spiel mit Regeln und Punkten entwickeln.)

Spielformen in der Gruppe

- In Kreisaufstellung den Ball hochspielen, er soll nicht aufspringen
- "Zeitlupenball-Tennis" als Doppel
- "Volleyball": Über eine Schnur/ein Baustellenband wird der Ball zwischen zwei Mannschaften hin- und hergespielt. Gelingt es uns, ohne daß der Ball aufspringt? Können wir den Ball einem Mannschaftsmitglied zuspielen?

Wasserbälle (51)

Wasserbälle sind im Flugverhalten den Zeitlupenbällen nicht unähnlich, springen allerdings nicht sehr gut und erlauben somit nur eingeschränkt Spiel- und Übungsformen im Prellen und Spielen gegen die Wand.
Trotzdem bieten sie die Möglickeit, Erfahrungen mit Bällen zu erweitern.
Als Spiel- und Übungsformen eigenen sich entsprechend abgewandelt die bei Japanpapierbällen, Luftballons und Zeitlupenbällen aufgeführten Beispiele.

Riesenluftballons (52)

Die Größe, die Farben und das Flugverhalten der Riesenluftballons motivieren auch bewegungsgehemmte Kinder zu intensiver Auseinandersetzung mit dem Spielgerät. Dabei steht für jedes Kind zunächst das individuelle Erproben im Vordergrund. Allerdings lassen sich mit Riesenluftballons sehr früh gemeinschaftliche Spielformen initiieren.

Spielformen mit Riesenluftballons

Einzeln:

- Hochspielen, in der Luft halten (analog zu Luftballons).
- Den Ballon am Ort/in Bewegung zu prellen versuchen.
- Ballon durch den Raum rollen, treiben.

- Den Ballon mit dem Körper durch den Raum bewegen, ohne ihn festzuhalten.
- Den Riesenluftballon auf Körperteilen (Hand, Finger, Kopf...) balancieren, ohne ihn festzuhalten.

Mit Partner und Gruppe

- In Partnerform den Ballon mit verschiedenen Körperteilen abwechselnd spielen.
- In freier Aufstellung einen/mehrere Ballons in der Luft halten.
- In Kreisaufstellung einen/mehrere Ballons zuspielen.
- In zwei Gruppen über eine Schnur spielen.

Erstaunlich ist immer wieder, daß das zunächst wilde hektische Spiel mit den Ballons sich zunehmend beruhigt und sich die Bewegungsweisen dem langsamen, sanften Flugverhalten anpaßt.

Schaumstoffbälle (53)

Verschiedenartige Bälle (Größe, Gewicht, Material, Oberflächenstruktur) unter derselben Zielsetzung verwendet, fordern vom Schüler Anpassungsleistungen. Schaumstoffbälle eignen sich gut zu Übungs- und Spielformen für "ballängstliche" Kinder. Durch vorbereitende Übungen zur Materialerfahrung lernt das Kind die "Ungefährlichkeit" solcher Bälle kennen. Eventuell vorhandene Hemmschwellen können dadurch abgebaut und das Spiel mit dem Ball angebahnt werden. Zuvor sollte das Kind mit leichteren und langsam fliegenden Bällen (z.B. Papierbälle, Luftballons, Stoffbälle) erste grundlegende Erfahrungen in der Koordination (vor allem in der Auge-Hand-Koordination) gemacht haben.
Eine intensive Ballschulung ist Voraussetzung für alle Ballspiele. Werfen, Fangen, Treffen, Rollen, Prellen, Dribbeln, Fausten, Treten und Ballführen bieten Spielelemente, welche später aufgegriffen werden.
Auch eignen sich bestimmte Übungs- und Spielformen zur Vorbereitung von Sportspielen (z.B. Volleyball).
Die folgenden Beispiele sollen als Anregung dienen. Im Rahmen eines offen gestalteten Sportunterrichts kommt der Phantasie der Kinder im Erfinden und Variieren einzelner Übungen eine große Bedeutung zu.
Schaumstoffbälle werden im Fachhandel in den Größen von ca. 4cm bis 42 cm und in verschiedenen Farben angeboten.

Materialerfahrung

Allein:

- Erfühlen und Erproben von verschieden Bällen (Ertasten, Tragen, Rollen, Werfen, Fangen, Prellen).
- Im Sitzen den Ball mit den Füßen aufnehmen und wieder ablegen. Den Ball mit den Füßen wieder aufnehmen, eine halbe Drehung auf dem Gesäß und wieder ablegen.
- Im Sitzen den Ball von den Füßen bis zum Bauch rollen lassen und wieder zurück.
- Im Sitzen den Ball mit den Füßen hochwerfen und mit den Händen wieder auffangen.
- Im Sitzen den Ball mit den Füßen aufnehmen und seinem Nachbarn in die Füße übergeben.
- Den Ball zwischen die Füße (oder Knie) nehmen und vorwärts-und rückwärtshüpfen.
- Aus einem umgedrehten Kastenoberteil, in dem sich viele verschiedenartige Bälle (in unterschiedlichen Größen) befinden, nur die Schaumstoffbälle blind ertasten und herausholen.

Mit Partner:

- Mit geschlossenen Augen den Ball nach Anweisung des liegenden Kindes (bäuchlings oder rücklings) entlang von Körperteilen rollen.
- Großen Ball in die Hüften klemmen und ein Stück gehen oder laufen, ohne daß der Ball herunterfällt.
- Dieselbe Übung an anderen "Befestigungspunkten" des Körpers durchführen, evtl. in Wettkampfform (Gruppenwettläufe).

Raumerfahrung:

- Einen Ball einige Meter vor sich hinlegen, zurückgehen und mit geschlossenen Augen den Ball suchen. Variation: Im Kriechen, Rutschen oder Vierfüßlergang den Ball suchen.
- Alle Kinder legen ihren Ball neben sich auf den Boden. Jedes geht 2 Schritte vom Ball weg. Anschließend mit geschlossenen Augen seinen alten Platz wiederfinden. Wer schafft es, dabei keinen Ball zum Rollen zu bringen ? Variation: mehr Schritte, Schrittfolge vorgegeben (z.B. mache 2 Schritte vorwärts, dann 3 Schritte rückwärts).
- Wer kann den Ball ganz hoch (oder weit) werfen, ein- oder beidhändig ?

Auge-Hand-Koordination

Allein:

- Ball mit beiden Händen hochwerfen, einmal auf dem Boden aufkommen lassen und fangen.
- Ballprellen in verschiedenen Variationen: mit einer Hand, mit beiden Händen, mit beiden Händen im Wechsel.
- Ballprellen in verschiedenen Ausgangslagen: im Sitzen, auf den Knien, in der Hocke, im Vorwärts- oder Rückwärtsgehen.
- Ballprellen nach verschiedenen Rhythmen: Klatschen, Stampfen, Tamburin, Lied (schwierig !).
- Ball kräftig auf den Boden prellen und vor erneutem Auftreffen mit den Händen fangen.
- Kernwürfe gegen die Wand. Der Ball springt auf dem Boden auf und wird dann gefangen.
- Kernwürfe gegen die Wand. Der Ball wird ohne Bodenberührung gefangen.
- Ball mit der Unterarminnenseite gegen die Wand schlagen, auf den Boden aufspringen lassen und erneut schlagen.
- Im Gehen (Laufen) mit ausgestreckter flacher Hand den Ball balancieren; dasselbe mit einem Brettchen oder der Außenseite eines Tamburins.
- Kleinen Ball hochwerfen und mit einem Halbliter-Plastikbecher auffangen.
- Den Ball, auf einem Rollbrett liegend, mit einer Hand führen. Als Variation: den Ball um Hindernisse herumführen, Staffel, den Ball mit dem Kopf vorwärtsstoßen.

Mit Partner oder in der Gruppe:

- Im Sitzen dem Partner den Ball zuschieben und zurück.
- Zuspiel im Kreis
- Zwei Schüler, zwei Bälle: jeder wirft einen Ball mit beiden Händen hoch. Es wird nach dem Aufprallen der Ball des Partners gefangen.
- Kreisaufstellung: einer in der Mitte, zuwerfen Mitte-außen; außen-Mitte.

- Jeder hat einen Ball. Der Ball wird nacheinander zum Mittelmann geworfen.
- Im Sitzen dem Partner den Ball einhändig oder beidhändig zuwerfen und zurück.
- Im Viereck werfen.
- Im Gehen oder Laufen den Ball dem Partner zuwerfen, dasselbe mit dazwischenliegendem Auftreffen auf dem Boden.
- Den vom Partner zugeworfenen Ball einhändig oder beidhändig wegfausten.
- Den Ball im Laufen mit einem Holzstab dem Partner wechselnd zuspielen.
- Kopfball mit einem Partner
- Mit dem Partner: Zwei Bälle fliegen gleichzeitig.
- Sitzen im Kreis: 1 (2) Bälle mit den Füßen weitergeben.

Spielformen:

Klassische Spiele wie Kreishetzball, Burgball, Tigerball, Ball über die Schnur

- Eine Gruppe wirft Bälle aus einem Kastenteil, die andere Gruppe fängt sie auf. Variation: Welche Gruppe hat zuerst alle Bälle herausgeworfen ?

- Haltet den Korb voll:
- 2 - 4 Kinder werfen Bälle aus einem Kasten. Die anderen Kinder versuchen, möglichst viele wieder zurückzulegen. Variation: Zeitlimit setzen. Welche der beiden Gruppen erreicht ihr Ziel ?
- Eine Gruppe legt sich bäuchlings nebeneinander auf den Boden ("Wie in der Heringsdose"). Der Lehrer rollt den Ball unter den Bäuchen durch. Dazu müssen die Bäuche angehoben werden (Vierfüßlerstand). Jedes Kind legt sich wieder hin, nachdem es der Ball passiert hat. Anschließend den Ball wieder durchrollen lassen.
- Eine leichtgeneigte schiefe Ebene einrichten (z.B. Langbank). Ein Kind läßt eine Papprolle herunterrollen und versucht, sie unten aufzufangen. Währenddessen versuchen die anderen Kinder, die Papprolle mit dem Ball abzuschießen.
- Eine Gruppe steht auf der Langbank. Die andere Gruppe wirft Bälle zu. Wer schafft es, beim Fangen auf der Bank zu bleiben ? Variation: Zwei Gruppen stehen sich auf Langbänken gegenüber und werfen sich die Bälle zu.
- Sitzfußball

Noppenball (54)

Noppenbälle sind ca. 25cm im Durchmesser und rundum mit Noppen besetzt. Häufig werden sie von Anbietern auch “Fanglernbälle” genannt. Tatsächlich ermöglichen die Noppen ein relativ gutes Halten, Fangen des Balles. Allerdings sei davor gewarnt, den Ball zu früh zum Fangenüben einzusetzen (insbesondere in Partnerformen), da es sehr schmerzhaft sein kann, wenn der Ball den Körper trifft.
Die hervorragendste Wirkung diese Balles ist sein hoher Aufforderungscharakter. In der Regel kann kein Kind, auch ein “Ballfrustriertes”, an dem Ball vorübergehen, ohne ihn wenigstens zu berühren.

Als sehr gut hat sich der Ball bei Prell- und Dribbelübungen erwiesen. Durch die Noppen wird die Druckkraft der Prellhand, auch wenn sie den Ball nicht genau von oben trifft senkrecht nach unten übertragen, so daß er weitgehend senkrecht wieder hochspringt. Er "verspringt" also, auch bei ungenauer Auge-Hand-Koordination nicht so schnell wie Normalbälle.
Somit läßt sich der Noppenball für nahezu alle (eingeschränkt durch die schmerzhafte Wirkung bei Körpertreffern) Ballspiele und -übungen einsetzen und erleichtert dem "ballungeschickten" Kind oftmals die Kontrolle.
Eine der interessantesten Verwendungsmöglichkeiten, und das ist nur mit diesem Ball möglich, ist die Ballmassage. Zu entspannender Musik wird mit dem Ball unter leichtem Druck in kreisenden Rollbewegungen die Körperrückseite massiert. Die intensive taktile Stimulation wirkt sich insbesondere bei Hyperaktiven oder bei Kindern mit taktiler Abwehr oder taktilen Differenzierungsschwächen positiv aus.

Igelball (55)

Es gibt ihn in drei Größen (5, 7, 9 cm), bestehend aus hartem Kunststoff (springt nicht) und ist rundum mit "Stacheln" besetzt.
Sie eignen sich besonders zur taktilen Stimulation (Ballmassage) und ergänzen das Sortiment unterschiedlicher Bälle zur Materialerfahrung oder den Krabbelsack.

Klingelball (56)

Ein Klingelball hat im Inneren des Balles eine akustische Quelle, meist ein kleines Glöckchen. Er wird im Sportfachhandel und im Versandhandel in verschiedenen Größen und Farben, auch als Medizinball angeboten.
Darüber hinaus können mit relativ wenig Aufwand Klingelbälle hergestellt werden: In Luftballons können kleine, im Spielzeughandel erhältliche Glöckchen über die Blasöffnung vor dem Aufblasen in den Luftballon hineingeschoben werden; auch Wasser- und Zeitlupenbälle eignen sich für dieses Verfahren.
Tennisbälle (drucklos) können halbiert und nach dem Einlegen eines Glöckchen mit einem Gummikleber wieder zusammengebracht werden. Experimente im Herstellen von Klingelbällen lohnen sich.
In Spielzeugläden findet man häufig bunte Stoffbälle verschiedener Größe, die im Inneren ein Glöckchen haben.

Der Klingelball wird bei psychomotorischen Übungen und beim auditiven Wahrnehmungstraining eingesetzt.
Vor allem bei Kindern mit Sehbeeinträchtigungen kann die Verwendung eines Klingelballes das Mitspielen eines Kindes wesentlich erleichtern.
Fast alle Kleinen Spiele können mit einem Klingelball durchgeführt werden.

Übungsbeispiele:

- Ein abwechslungsreiches Spiel mit dem Klingelball ist "Ball über die Schnur" mit geschlossenen bzw. verbundenen Augen. Dabei ist darauf zu achten, daß eine ruhige Atmosphäre auf dem Spielfeld herrscht und die Partner ihre Zusatzinformationen nur leise geben.
- Einem klingenden Ball (tragen, rollen des Balles) blind folgen: gerade Strecken, Kurven, Slalom ...
- Einen Klingelball fortrollen, hören wohin er rollt (Richtung, veränderte Oberfläche, Aufprall an Begrenzungen...).
- Unterschiedliche, mehrere Klingelbälle verwenden und einem festgelegten Geräusch folgen.
- Zwischen verschiedenen anderen Bällen den Klingelball beim Spiel "Haltet den Korb voll" herausfinden.

Pushball/Physioball (57)

Dies sind große Bälle (60 - 120 cm Durchmesser), die aus dem Therapiebereich für den Sportunterricht übernommen wurden. Die Physiobälle bestehen aus Weich-PVC. Pushbälle sind mit einer mehrfarbigen Nylontuchhülle umgebene Lattexblasen.

Spielmöglichkeiten mit dem Pushball/Physioball

- auf dem Ball sitzend federn,
- bäuchlings auf dem Ball liegen, mit den Beinen den Ball leicht bewegen,
- bäuchlings auf dem Ball liegen, mit den Beinen abstoßen und vorwärts abrollen.

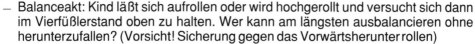

- anlaufen, bäuchlings auf den Ball aufrollen und wieder abrollen (Vorsicht! weicher Untergrund),
- Zwei Pushbälle hintereinandergelegt, anlaufen, aufrollen über beide wegrollen, abrollen (Vorsicht! weicher Untergrund).
- Balanceakt: Kind läßt sich aufrollen oder wird hochgerollt und versucht sich dann im Vierfüßlerstand oben zu halten. Wer kann am längsten ausbalancieren ohne herunterzufallen? (Vorsicht! Sicherung gegen das Vorwärtsherunter rollen)
- Versuchen, im Kniestand auf dem Ball zu bleiben (Vorsicht! Sicherung nötig, anfangs Ball halten).
- Versuchen, auf dem Ball zu stehen (Vorsicht! Sicherung nötig, anfangs Ball halten).

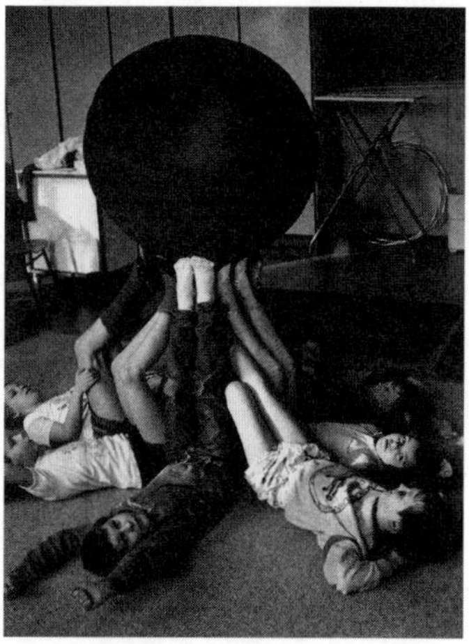

- Ball gemeinsam hochheben und in Hochhalte tragen.
- Im Kreis stehend, lassen wir den Ball im Kreis wandern, immer schneller.
- Hintereinander stehend den Ball über uns weitergeben.
- Wir versuchen, den Ball in Hochhalte eine Doppelreihe entlang weiterwandern zu lassen.
- Wir liegen in einer Doppelreihe, die Köpfe gegeneinander und versuchen, den Ball über unsere hochgestreckten Arme weiterrollen zu lassen.
- Liegen in Doppelreihe, die Beine gegeneinander, Ball mit hochgestreckten Beinen weiterrollen lassen.
- Liegen im Kreis, Beine zur Mitte, den Ball auf den Füßen balancieren.
- Wir versuchen, gemeinsam um den Ball stehend den Ball durch Daraufdrücken zum Hüpfen zu bringen, ihn dann mehrmals zu prellen.
- Staffelspiele: rollen, prellen.
- Raufball mit dem großen Ball.
- Während wir nebeneinander auf dem Bauch/Rücken liegen, wird der Ball langsam über uns weggerollt.

Erdball (58)

Der Erdball ist ein großes, imposantes Spielgerät, das in der New-Games-Bewegung bekannt wurde und vor allem zum gemeinsamen Spielen großer Gruppen geeignet ist. Erdbälle haben einen Durchmesser von 2 m, sind mit und ohne Erdaufdruck erhältlich.
Die Anschaffung nur für eine Schule allein scheint uns wegen des hohen Preises und der eingeschränkten Nutzung (man bedenke die Probleme des Aufblasens und der Lagerung) nicht empfehlenswert. Allerdings wäre zu überlegen, ob man nicht mit anderen Schulen am Ort gemeinsam einen Erdball anschafft, denn seine Attraktivität läßt ihn zum Höhepunkt des Schulsporttages, Spielfestes, Sommerfestes o.ä. werden.

Auch das Spielen mit dem Erdball ist nicht ganz unproblematisch. Durch die Größe ist er relativ schwer und kann so, einmal in Bewegung gesetzt, kleinere Schüler leicht umwerfen. Auch eine weiter unten noch näher beschriebene Spielmöglichkeit, das Aufrollen, kann zu nicht ganz ungefährlichen Stürzen führen.
So empfehlen wir, den Erdball nur im Freien auf großen Rasenflächen einzusetzen. Das anfänglich natürlicherweise ausbrechende wilde Toben birgt die meisten Gefahren und sollte deshalb gesteuert werden. Dies wäre möglich durch eine gemeinsame Spielform (Stehen im Kreis, Ball innerhalb des Kreises rollen) oder eine Beschränkung der Spielerzahl (nur 6-8 Kinder - aber auch sehr viele Mitspieler bremsen Gefahren, da sie verhindern, daß der Ball in schnelle Bewegungen versetzt wird).

Spielmöglichkeiten mit dem Erdball

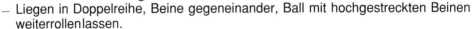

- Kinder rollen den Ball rennend vor sich her.
- Wir versuchen, den Ball gemeinsam hochzuheben, oben zu halten, ihn in Hochhalte zu transportieren.
- Wir versuchen, den Ball in Hochhalte eine Doppelreihe entlang weiterwandern zu lassen.
- Wir liegen in Doppelreihe, die Köpfe gegeneinander und versuchen, den Ball über unsere hochgestreckten Arme weiterrollen zu lassen.
- Liegen in Doppelreihe, Beine gegeneinander, Ball mit hochgestreckten Beinen weiterrollen lassen.
- Wir versuchen, gemeinsam um den Ball stehend, den Ball durch Daraufdrücken zum Hüpfen zu bringen, ihn dann mehrmals zu prellen.
- Zwei Mannschaften spielen gegeneinander auf dem großen Fußballfeld und versuchen, den Ball ins gegnerische Tor zu treiben.
- Im Kreis stehend,lassen wir den Ball im Kreis wandern, immer schneller.
- Während wir nebeneinander auf dem Bauch/Rücken liegen, wird der Ball langsam über uns weggerollt.
- Ein Kind auf dem Ball rollen: Ein Kind legt sich am Ball stehend vorwärts auf den Ball. Die anderen Kinder rollen den Ball langsam, so daß das angelehnte Kind hochgetragen wird.
- Aufrollen lassen: Ein Kind rollt den Ball rennend vor sich her, springt dann den Ball so an, daß es durch die Rollbewegung auf den Ball hochgetragen wird (Vorsicht! seitliches Stürzen oder Vorwärtsüberrollen sind möglich.)
- Balanceakt: Kind läßt sich aufrollen oder wird hochgerollt und versucht dann, sich im Vierfüßlerstand oben zu halten. Wer kann am längsten ausbalancieren, ohne herunterzufallen (Vorsicht! Sicherung gegen Vorwärtsherunterrollen)?
- Versuchen im Kniestand auf dem Ball zu bleiben (Vorsicht! Sicherung nötig, anfangs Ball halten).
- Versuchen, auf dem Ball zu stehen (Vorsicht! Sicherung nötig, anfangs Ball halten).

Schläger

Rückschlagspiele

Schläger sind in sehr verschiedenen Ausführungen und Preislagen erhältlich. Unterschiedliches Grundmaterial, Beläge und Bespannungen, verschiedene Belagfarben, verschiedene Formen und Größen, unterschiedliche Grifformen ermöglichen in Kombination mit Bällen, Luftballons und Kugeln aus verschiedenen Materialien zahlreiche Variationen von Übungs-, Balancier- und Spielaufgaben. Individuelle "Jonglieraufgaben", Kunststücke, Spiele mit Partner und Spiele in der Gruppe sind fast unbegrenzt möglich.
Das Spielen mit Schläger und Ball setzt entsprechende Grunderfahrungen im Umgang mit Bällen (siehe Kapitel "Bälle) voraus bzw. kann in diesen Lernprozeß mit einbezogen werden.
Exemplarisch werden hier nur einige grundlegende Spiel- und Übungsformen aufgezeigt (zur zielgerichteten Hinführung auf ein Zielspiel sei auf die einschlägige Fachliteraturverwiesen).
Die dargestellten Grundsituationen sind auf alle Rückschlagspiele (Federball, Badminton, Tischtennis, Family-Tennis, Tennis, Squash, Beach-Ball, Indiaca mit Schlägern u.a.) entsprechend zu übertragen.

Grunderfahrungen (59)

Bälle auf dem Schläger balancieren

Ein Ball soll möglichst lange auf einem Schläger liegen bleiben

Variationen:

- Verschiedene Bälle und Schläger kombinieren, mehrere Bälle verwenden, zwei Schläger benutzen, Schläger beidhändig halten.
- Dabei gehen, Hindernisse übersteigen, (Stuhl, Tisch, Papierkorb) Handwechsel, Wechsel zwischen Vorhand und Rückhand, ...

Bälle jonglieren:

- Mit einem Schläger wird ein Ball in die Höhe gespielt - ohne Unterbrechung als Kontinuum.
- Die Zahl der erfolgreichen Versuche wird gezählt.

Variationen:

- Wechsel Vorhand-Rückhand,
- mit je einem Schläger in der rechten und linken Hand,
- beidhändiger Schlägergriff,
- Kanten des Schlägers einbeziehen,

Bälle zurückspielen

- auf den Boden "prellen",
- gegen Zimmer-oder Raumwände und Raumdecken schlagen,

– verschieden Bälle verwenden (Tennisball, bunter Tischtennisball, Luftballons, Volleyball...),
– mit Partner oder in der Gruppe abwechselnd,
– in Verbindung mit einem Zahlen-oder Namenspiel.

Tischtennis-Spiele (60)

An einem normierten oder frei gestalteten Tisch (unterschiedliche Größe und Form, verschiedene Tischhöhen, Stufentische....) Tischtennis als Partner oder Gruppenspiel

Variationen:
– verschiedene Bälle und Schläger,
– unterschiedliche Netzhöhe,
– Hindernisse auf dem Tisch,
– Ball muß / darf zweimal die Oberfläche berühren,
– Schläger in der rechten und linken Hand,
– abwechselnd rechte und linke Hand mit Schläger, beide Hände am Schläger ...
– Rundlauf als Ausscheidungsspiel,
– Rundlauf mit Hindernissen vor dem Tisch (Baustellenband, zweites Tischtennisnetz)

Tennis-Spiele (61)

Auf einem regelgerechten oder frei gestalteten Feld mit Tennisbällen über das Netz den Ball zuspielen. Welches Paar oder welche Gruppe hält den Ball am längsten im Spiel?

Variationen:
– Volleyspielen, als Gruppenspiel mit wechselnden Spielern,
– Hindernisse auf dem Tennisfeld,
– Netzhöhe variieren,
– unterschiedliche Bälle verwenden (Zeitlupenbälle, Softbälle; Easy-Play-Bälle, große Bälle, kleine Bälle,
– unterschiedliche Schläger (Speckbrett, Softballschläger, bespannter Schläger),
– Ball muß / darf zweimal den Boden berühren.

Squash-Spiele (62)

Eine Sporthallenecke (auch Klassenzimmer, geeigneter Flur ohne Lampen und Glas (!) zu einer "Squash - Box" umbauen. Weichbodenmatten in Verbindung mit Kästen eignen sich sehr gut zur Herstellung einer zusätzlichen Seitenwand.
Ball gegen die Stirnwand allein oder abwechselnd schlagen.
Wer kann den Ball am häufigsten nach vorgegebenen oder zu entwickelnden Regeln spielen ?

Variationen:
– Verschiedene Bälle (Tennisball, Softball, Tischtennisball, Squashball) verwenden.

- Ball muß / kann über eine Seitenwand gespielt werden,
- Volley-Squash in einer kleinen Box mit Softball,
- Hindernisse im Raum,
- Spiel in Staffelform mit Gruppensieger ...

Mini-Hockey-Schläger (63)

Das Spielen mit Mini-Hockey-Schlägern ist bei Kindern sehr beliebt. Das Gerät sollte mit beiden Händen gehalten werden. Lochbälle aus Plastik sind dem Puck vorzuziehen. Im Gegensatz zum Hockey darf bei diesem Spiel mit beiden Schlägerseiten geschlagen werden.

Spielideen:

- Gewöhnung an das Gerät:
  den Ball an eine seitwärts gestellte Langbank oder an die Wand schlagen,
  den Ball am Schläger durch die Halle "führen",
  mit dem Schläger den Ball im Slalom um Malstangen "führen",
  einen zugerollten Ball auf ein Tor schießen usw.
- Hin und her: einem Partner zuspielen.
- Einem Partner durch ein Tor aus zwei Markierungskegeln zuspielen. Wer erzielt die meisten Tore?

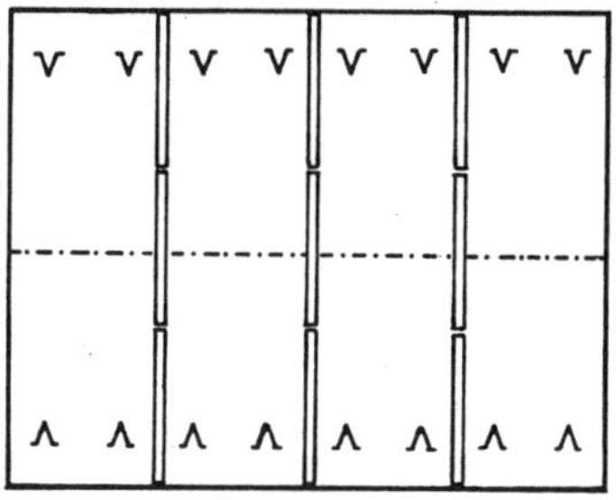

Es empfiehlt sich, die Halle in Spielstreifen einzuteilen. Seitwärts gestellte Langbänke dienen als Feldabgrenzung. Gespielt wird zunächst 1:1, 2:2 oder 3:3.

- Torwart und Schütze:
  Die Bälle werden von Tor zu Tor hin und her gespielt. Wer erzielt die meisten Tore?

- Zwei gegen zwei Schüler spielen gegeneinander: Die Mitglieder einer Mannschaft spielen sich zu. In der Mitte des Spielfeldes muß ein Torschuß erfolgen. Die Gegenmannschaft verteidigt ihr Tor.
- Spiel auf zwei Tore:
  Die Halle wird durch Langbänke in Spielstreifen eingeteilt. Auf jeder Seite sind drei Spieler. Gespielt wird auf Hütchen- oder Mattentore. Welche Mannschaft erzielt die meisten Tore?

Wenn die Grundlagen im Umgang mit dem Schläger erworben sind, kann auch mit zwei größeren Mannschaften (z.B. 5:5) gegeneinander gespielt werden.

Speed-Play (64)

Das Spiel mit Speed-Play-Schlägern hat für Kinder einen sehr hohen Anreizwert und kann sehr kreislaufbelastend sein. Mit dem Speed-Play-Schläger wird versucht, einen leichten Plastikball wegzuschlagen. Das Spiel ist sehr bewegungsintensiv und läßt einen hohen körperlichen Einsatz zu, da die luftgefüllten Schläger aus weichem Kunststoff eine Verletzungsgefahr weitgehend ausschalten.

Als Mannschaftsspiel auf aufgestellte Weichbodenmatten oder Handballtore zu spielen, eignet es sich für Sportgruppen mit Kindern ab etwa neun Jahren. Der Ball darf nur mit dem Schläger, nicht mit der Hand oder dem Fuß gespielt werden.

Großgeräte

Großgeräte eignen sich in besonderer Weise zum Einsatz im Sportunterricht in der Sonderschule, weil sie Qualitäten besitzen, die den Schülerinnen und Schülern und Lehrern gleichermaßen zugute kommen:

- Großgeräte zeichnen sich durch einen besonderen Aufforderungscharakter aus, der sich vor allem auf die emotionale Beteiligung der Schülerinnen und Schüler (Bewegungslust und Mut) erstreckt;
- das Bewegen an Großgeräten erfordert die Beteiligung der Gesamtperson (Mut, Entschlossenheit, Koordination, Gleichgewicht, Kraft, Lust an der Bewegung), spricht vor allem die Grobmotorik an;
- die Schülerinnen und Schüler haben die Möglichkeit, an Großgeräten von der Bewegung als Körpererfahrung bis zur Bewegung als sportliche Fertigkeit (z.B. Trampolin, Lüneburger Stegel) jede Form auszuwählen und auszuführen;
- Großgeräte erfordern "Team-Tun" bei Auf- und Abbau: somit erleben sie die Großgeräte als veränderbar, erlernen bei Auf- und Abbau die Konstruktion der Geräte, beachten die Sicherheitsbestimmungen, beschaffen sich die "Werkzeuge" für ihr sportliches Tun selbst, bestimmen die Auswahl und die Einrichtung der Großgeräte gemäß den Bedürfnissen der Schülerinnen und Schüler mit;
- durch die grobmotorische Qualität der an Großgeräten ausgeführten Bewegungen, die mit weiteren Räumen und größeren Zeitmaßen der Bewegungen verbunden sind, übernehmen die Schülerinnen und Schüler Verantwortung für die Unterstützung und Sicherung der Übenden.
- Für die Lehrenden im Sportunterricht bieten die Großgeräte besondere Möglichkeiten der (Binnen-)Differenzierung ohne großen Aufwand an: die Geräte ermöglichen die Ausführung von einfachen bis komplexen Bewegungen ohne Umbau und/oder zusätzliche Hilfsmittel;
- Großgeräte lassen sich beliebig untereinander und mit anderen Geräten kombinieren, sie eignen sich besonders für den Einsatz in Parcours (Hindernisparcours, Sprungbahn, Circuit, Erlebnisparcours [Klettern und Rutschen, Schwingen und Schaukeln]);
- die Lehrenden können beim Einsatz von Großgeräten die sozialen Lernziele der tätigen Mithilfe, der gegenseitigen Unterstützung und Sicherung zusammen mit den sportmotorischen Lernzielen verfolgen;
- Großgeräte bieten sich dazu an, die Schülerinnen und Schüler an selbständiges, selbstverantwortetes sportliches Handeln heranzuführen.

Häufig schrecken Lehrerinnen und Lehrer vor dem Einsatz von Großgeräten zurück, weil sie die gegenüber anderen Sportgeräten offensichtlich vermehrt vorhandenen Gefahrenquellen erkennen und kein Risiko eingehen wollen; es wird später zu zeigen sein, wie mit einigen wenigen Grundsätzen die Gefahren verringert werden können. Auch der große zeitliche und kraftmäßige Aufwand beim Auf- und Abbau von Großgeräten, der ihren Einsatz häufig verhindert, kann durch die Beachtung weniger Prinzipien minimiert werden (Koordinierung der Stundenziele mehrerer Klassen, die

Großgeräte werden über längere Zeit aufgebaut gelassen; Auf- und Abbau gemeinsam mit den Schülerinnen und Schülern = Lernziel: Kennenlernen der Funktion und der Sicherheitsbestimmungen von Großgeräten).

Folgend sollen die Großgeräte Trampolin, Airtramp, Lüneburger Stegel, Weichbodenmatten und das Trimmpolin sowie Strickleitern als Element in Gerätearrangements genauer vorgestellt und Übungsbeispiele genannt werden; zum Einsatz von Luftkissen, Minitrampolin und Spielplatzgeräten im Sportunterricht werden grundlegende Prinzipien genannt werden.

Trampolin (65)

Zur Anschaffung:

Trampoline kosten je nach Größe, Hersteller und gewähltem Zubehör zwischen DM 3000.- und DM 6000.-; beim Einsatz in der Sonderschule sollte darauf geachtet werden, daß das Sprungtuch möglichst geschlossen oder sehr kleinmaschig ist: die Durchsicht durch das Tuch vermittelt den Schülerinnen und Schülern Höhe und kann zu angstvollen Reaktionen führen, weil beim Federn nicht nur das Tuch, sondern auch der Boden Bezugspunkt für die Wahrnehmung ist; ein geschlossenes Tuch verhindert, daß sich die Übenden bei stärkerer Bewegung durch Einhaken der Finger festhalten (Verletzungsgefahr !). Weiterhin ist eine bestimmte Größe des Sprungtuches (mindestens 2 x 3 m) angezeigt, damit Übende mit motorischen Steuerungsproblemen genügend Sprungfläche zum sicheren Springen zur Verfügung haben.
Steht der Kauf eines Trampolins in direktem Zusammenhang mit einem Sporthallenneubau, so ist an die Einrichtung eines gesonderten Tampolinraums mit ebenerdiger Installation des Trampolins und entsprechender Ausstattung des Raumes zu denken (vgl. Schulbauinstitut der Länder 1975).
Bei einer Neuanschaffung ist die Ausgabe mit Hebe-Rollständern zu empfehlen, weil dieses sinnvolle Zubehör den Auf- und Abbau erleichtert und sicherer macht. Alle modernen Trampoline werden mit einer Abdeckung der Federn geliefert; für ältere Trampoline ist ein Zukauf von Abdeckungen zu erwägen.

Sicherheit:

Die größtmögliche Sicherheit beim Einsatz des Trampolins wird erreicht, wenn die Lehrenden mit der Handhabung und dem Umgang mit dem Gerät vertraut sind. Um den Übenden auf dem Tuch ein Höchstmaß an Unterstützung und Sicherheit bieten zu können, ist der Platz des/der Lehrenden auf dem Tuch, auf dem Rahmen oder auf einem gleichhohen Kasten direkt beim Trampolin, auf jeden Fall dort, wo auf dem kürzesten Weg eingegriffen werden kann (siehe Abbildung 1, Position des/der Lehrenden). Gleichzeitig muß gewährleistet sein, daß sich niemand unter dem Trampolin befindet.

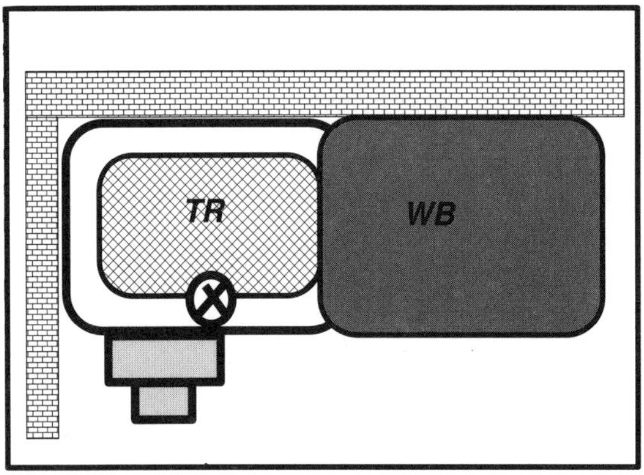

Die Abbildungen 1, 2a und 2b zeigen Anordnungsbeispiele von Trampolinen und Absicherungen (Weichbodenmatten und Kästen, die zu jeder Sporthallenausstattung gehören), die den zusätzlichen personellen Sicherheitsaufwand reduzieren. Es ist auf keinen Fall notwendig, den Boden um das Trampolin herum mit Matten abzusichern – dies erhöht vielmehr das Verletzungsrisiko, weil es zum Niedersprung vom Trampolin auffordert!

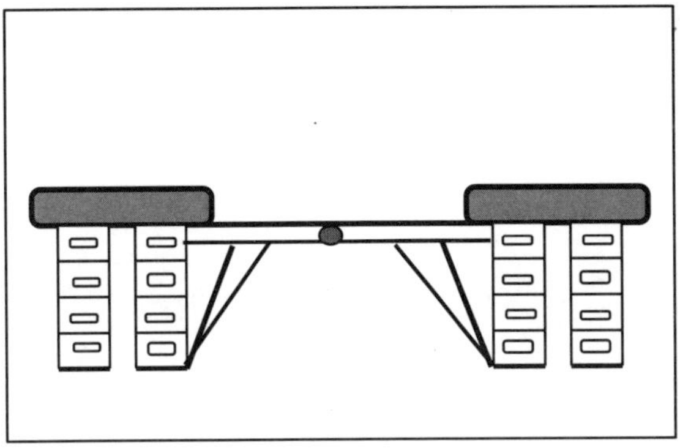

Die Sicherheit für Schülerinnen und Schüler ist dann groß, wenn alle gut aufgewärmt zum Springen an das Trampolin gehen. Im ungeübten Stadium sollten die Schülerinnen und Schüler einzeln auf dem Trampolin üben – erst bei verbesserten Sprungfertigkeiten kann das paarweise Springen begonnen werden.

Wirkung des Trampolins:

Durch die Elastizität (= Eigenbeweglichkeit) des Tuches werden unterschiedliche Wirkungen erzielt:

- die Bewegungsfähigkeit und der Bewegungsantrieb werden verbessert,
- der Muskeltonus wird beeinflußt,
- die rhythmisch-synchronen Muskeltätigkeiten werden gefordert und gefördert,
- durch die notwendige Körperkontrolle (Koordination) wird das Körper- und Bewegungsgefühl verändert,
- die ganzkörperliche Belastung wirkt sich als Reiz auf das Herz-Kreislaufsystem aus,
- Konzentration und Richtung der Aufmerksamkeit werden gefördert,
- die emotionale Beteiligung ergibt sich aus der Wechselwirkung eigener Handlungen und ihrer (durch das elastische Tuch) verstärkten Auswirkungen.

Daraus leitet sich ab, daß neben der Beeinflussung der koordinativen Leistungs- und Anpassungsfähigkeit auch die Stimulation basaler Wahrnehmungsbereiche (Berührungssinn, Bewegungssinn, Gleichgewicht, Sehen, Hören) und die Bewegungsdiagnostik (vgl. TKT) zu den besonderen Einsatzgebieten des Trampolins gehören.

Übungsbeispiele:

- Liegen auf dem Tuch, durch andere bewegt werden (Bauch-, Rückenlage),
- Kriechen, Krabbeln, Rollen über das Tuch,
- Vierfüßlergang,
- Balanceübungen im Vierfüßlerstand: Gleichgewicht halten bei Ein-

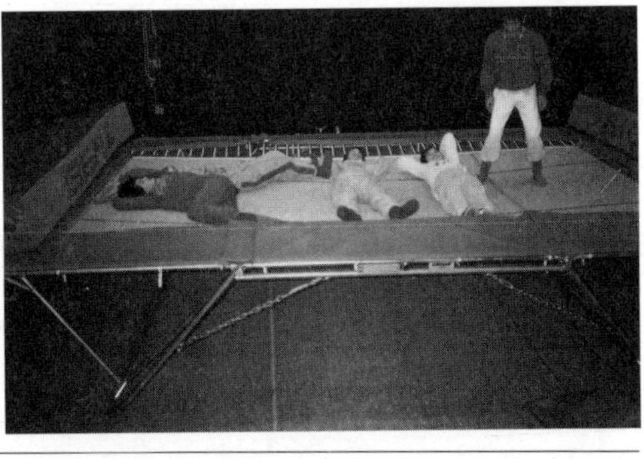

wirkung von außen (Lehrer/in bewegt das Tuch, übt Stöße aus auf Schultern und/oder Hüften),
- "Trommler" im Vierfüßlerstand,
- in verschiedenen Positionen das Gleichgewicht halten (Langsitz, Kniestand, Seitsitz mit Abstützen/ohne Abstützen),
- Froschhüpfen über das Trampolin,
- Purzelbaum,
- Reaktionsspiele mit dem Partner: ein sich nicht auf dem Trampolin befindlicher Partner wirft Sandsäckchen, Softbälle zu, die gefangen werden müssen (sensomotorische Integration von unterschiedlichen Sinneseindrücken),
- Schwungverstärken im Sitz (auf die Handhaltung achten), Vierfüßlerstand, Kniestand, Stand,

- beidbeiniges Hüpfen über das Tuch,
- Standsprünge in Tuchmitte,
- Standsprünge mit Zusatzaufgaben,
- Standsprünge mit Abstoppen (Verbesserung der eigenen Möglichkeiten, einen Sprung zu beenden),
- Standsprünge mit Drehungen um die Körperlängsachse,
- Schwungverstärken im Kniestand bis zum Stand,
- Federn im Stand und Landen im Kniestand,
- Kombinationssprünge zwischen Standsprung, Sitzlandung und Knielandung,
- Standsprünge mit Zusatzaufgaben (siehe oben),
- Seilspringen auf dem Tuch,
- Standsprünge und Kombinationen mit einem Partner,
- Sprungformen aus dem Trampolinspringen (nur bei entsprechender Kenntnislage des/der Lehrenden, da besondere Hilfestellungen, Sicherheitserfordernisse und biomechanische Kenntnisse unabdingbar).

Das Trampolin eignet sich aufgrund seiner besonderen Qualitäten auch dazu, in Bewegungsgeschichten (wir bewegen uns auf dem Mond, wir sind Känguruhs, Zauberkräfte lassen uns hoch springen) und Bewegungsparcours eingebaut zu werden.

Trimmpolin (66)

Eigentlich ist das Trimmpolin nicht unbedingt zu den Großgeräten zu zählen, da es aber ähnliche Übungsmöglichkeiten wie das Trampolin bietet und als notdürftiger Ersatz für ein großes Trampolin betrachtet werden kann,ist es hier ausgeführt.
Neben dem im Namen enthaltenen "Trimmeffekt" ermöglicht das "Kleinsttrampolin" natürlich auch Koordinationsförderung, wobei insbesondere das vestibuläre und das kinästhetische System angesprochen werden.

Dabei ist die Federwirkung des dichten Kunstofftuchs, das mittels Gummiseilen an einem zusammengeschraubten Rohrrahmen aufgehängt ist, bei weitem nicht so stark wie die eines großen Trampolins oder eines Absprungtrampolins. Das ermöglicht einen relativ gefahrlosen Einsatz ohne allzugroße Absicherungsmaßnahmen, so daß ein Trimmpolinspringen sogar in einem Klassenzimmer ohne Mattenumbau möglich ist.
Allerdings sollte auch hier wie bei allen Trampolinen das Herausspringen aus dem Trimmpolin auf den Boden untersagt werden.
Körperlandungen sind auch nicht möglich.

Mögliche Sprungformen auf dem Trimmpolin:

- Standsprünge, einbeinig - beidbeinig
- Standsprünge mit Drehungen um die Längsachse (Vorsicht! Sicherung nötig)
- Hocksprung
- Grätschsprung
- Wedelsprünge
- Umsteigesprünge
- Schersprünge
- Springen nach Rhythmen (klein-klein-hoch), gesprochen, geklatscht, getrommelt.
- Wird eine Mittellinie auf dem Trimmpolin eingezeichnet, so eröffnet dies neue Möglichkeiten. Kann die Linie ohne Berührung übersprungen werden?
- Eine weitere Linie (rechtwinklig zur ersten) läßt 4 Segmente entstehen, die zu weiteren Sprungvarianten und -folgen reizen.

Mit zusätzlichen Materialien:

- Seilspringen
- Von zwei Helfern wird ein Sprungseil in niedriger Höhe über dem Trimmpolin gehalten; wir springen fortlaufend im Wedelsprung/Umsteigesprung oder vorwärts-rückwärts über das Seil.
- Ball werfen, fangen während des Springens

Airtramp und Luftkissen (67)

Airtramps sind über die Spielfestbewegung bekannt geworden - sie fehlen auf keiner Veranstaltung, die mit Spielen und attraktiven Bewegungsangeboten für Kinder und Jugendliche (und manchmal auch Erwachsene) aufwarten. Als Sport- und Spielgerät mit Ausrichtung auf besondere Wahrnehmungs- und Erlebnisbereiche (Springen, Federn, elastischer Widerstand, Bewegtwerden durch das Gerät und durch die Aktivität von anderen) hat das Airtramp Einzug gefunden in die Sonderschulen. In der Arbeit mit Schwerst- und Mehrfachbehinderten bietet das Airtramp (und das Luftkissen, das im Unterschied weniger stark federt und sich somit mehr an die Körperform anpaßt) besondere Möglichkeiten für die vestibuläre, kinästhetische und taktile Stimulation.

Anschaffung

Luftkissen und Airtramps kosten zwischen DM 2500.- und 30 000.- bis 40 000.-, je nach Größe und Ausstattung. Die Preise erhöhen sich weiter, wenn Airtramps erworben werden, die Seitenwände, ein Dach, Zinnen, eine Rutschbahn u.a. aufweisen.
Es besteht eine unmittelbare Wechselwirkung zwischen der Größe eines Airtramps und seiner Bedienungsfreundlichkeit (Auf- und Abbau). Eine Größe von 4 × 4 m bis 5 × 5 m stellt einen guten Kompromiß dar. Die Grundausstattung besteht aus dem Luftkissen und einem Kompressor, der an das 220-Volt-Netz angeschlossen werden kann. Bei Luftkissen entweicht bei der Belastung durch Ubende Luft, die vom Kompressor oder Gebläse wieder aufgefüllt wird. Beim Airtramp ist das Luftkissen straff gefüllt, der Luftdruck wird vom Kompressor hoch gehalten.

Die Kompressoren und Gebläse sind durch verhältnismäßig kurze Schläuche mit dem Luftkissen verbunden; wenn die Geräte in Räumen (Turn- oder Gymnastikhallen, Therapieräume) aufgestellt sind, dann entsteht ein nicht geringer Lärm durch das laufende Gebläse. Dieser Lärm kann die Nutzung bzw. die Wirkung des Übens auf den Luftkissen beeinflussen. Wird die Anschaffung eines Luftkissens/Airtramps erwogen, so sollte mit der Auswahl des Standortes auch versucht werden, die Geräuschquelle möglichst zu isolieren. Die geeignetste Lösung für den Gebrauch in Räumen stellt ein eigener Raum (z.B. der Trampolinraum) dar, in dem das Airtramp aufgestellt werden kann und wo das Gebläse in einem benachbarten Raum aufgestellt ist (die Sonderschule des Sonnenhofes in Schwäbisch Hall bietet dafür ein gutes Beispiel); weiterhin ist es möglich, durch entsprechend gefertigte Öffnungen z.B. in Geräteraumtüren die Lärmbelastung zu verringern. Während nichtbehinderte Kinder und Jugendliche wenig durch den Geräuschpegel gestört sind (ihr eigenes Tun auf dem Airtramp ist entsprechend geräuschvoll), sind die o.g. Hinweise für den Einsatz in den unterschiedlichen Sonderschulen bedeutsam.

Sicherheit

Wie bei allen Geräten, die durch ihre Beschaffenheit die einwirkenden Kräfte verstärken, ist beim Airtramp auf besondere Gefahrenquellen hinzuweisen, die durch entsprechende Maßnahmen aber entschärft werden können. Beim Airtramp sind die Ränder besonders gefährlich, da ein Auftreffen auf den Rand zu einer Schleuderbewegung weg vom Gerät führen kann und der Aufprall auf den Boden durch eine mögliche unkontrollierte Luftfahrt Gefahren bergen kann. Weiterhin besteht die Gefahr, daß bei mehreren Personen auf dem Airtramp der Boden dermaßen instabil wird, daß die Übenden das Gleichgewicht nicht mehr erhalten können - Zusammenstöße können die Folge sein. Diese besonderen Gefahren können verringert werden, wenn:

- an den Seiten des Airtramps Helfer stehen,
- das Airtramp an den Seiten anders abgesichert wird (z.B. Aufbau des Geräts in der Ecke eines Raumes mit glatten Wänden),

- bei weniger geübten und motorisch schwerer beeinträchtigten Übenden die Anzahl der Personen auf dem Airtramp verringert wird (bis zur Einzelarbeit),
- sich ein Helfer mit auf dem Gerät befindet.

Beim Auf- und Abbau besteht eine besondere Verantwortung bei der Überprüfung des Luftauslasses (bei den meisten Airtramp-Konstruktionen mit Klettverschluß und Seilsicherung). Um die Luft aus dem Airtramp vor dem Abbau entweichen lassen zu können, ist die Öffnung des Luftauslasses notwendig. Dieser muß vor Inbetriebnahme unbedingt überprüft werden, da ohne Sicherung durch das Sicherungsseil der Klettverschluß die Luft bis zu einer Belastung hält, bei Benutzung aber sich explosionsartig öffnen kann (mit entsprechenden Folgen für die Übenden).
Auch hier wird die Sicherheit über eine eingehende Einweisung des Bedienungspersonals am besten sichergestellt werden.

Übungsvorschläge

Airtamps eignen sich besonders dazu, Kinder frei und ohne Bewegungsvorschriften toben und springen zu lassen. Die folgenden Beispiele sollen als Anregung für einen regelmäßigen Einsatz im Sportunterricht dienen.

- alle Schülerinnen und Schüler liegen auf dem nicht aufgeblasenen Tuch und werden mit dem Aufblasen nach oben befördert ("der Zauberteppich", "die Raumfähre") oder gesenkt,
- die Schülerinnen und Schüler versuchen auf unterschiedliche Art, das Airtramp zu erklimmen,
- kriechen, krabbeln, rollen, hüpfen, springen auf dem Airtramp,
- Luftballons, Zeitlupenbälle, Chinabälle, Softbälle zum Umgang allein, mit Partnern, in der Gruppe
- Seilspringen, Ballwerfen und Fangen,
- Kreis- und Singspiele,
- Matten (Airex-, Turn-, Weichboden-) zur Veränderung der Oberfläche des Airtramps: damit kann die Federwirkung verringert und der Aufenthalt leichter gemacht werden,
- Öffnen des Airtramps am Luftauslaß: Hineinkriechen und als Höhle mit außergewöhnlichen Geräusch-, Licht- und Luftdruckerlebnissen. Bei dieser Übung ist es unbedingt erforderlich, daß keine Möglichkeit für Außenstehende zum Betreten des Airtramps gegeben ist.

Das Airtramp eignet sich, wie das Trampolin und der Lüneburger Stegel und viele andere Großgeräte besonders für die Kombination untereinander und in Bewegungslandschaften.

Lüneburger Stegel (68)

Der Lüneburger Stegel ist ein seit vielen Jahren bekanntes Kombinationsgerät aus besonderen Böcken, Balken, Leitern und Rutschbrettern. Alle Komponenten können in unterschiedlichen Höhen und Neigungen einzeln oder als Gesamtgerät zusammengesetzt werden. Das Großgerät ermöglicht Handlungen, die Gleichgewicht, Klettern, Springen fordern und fördern. Weiterentwicklungen werden im Fachhandel unter der Bezeichnung "Kombi-Gerät" o.ä. angeboten.

Anschaffung

Der Lüneburger Stegel ist als Grundgerät und mit Erweiterungen erhältlich; die sinnvollen Zusätze der Leiter und des Rutschbrettes erweitern die Nutzungsmöglichkeiten enorm, wobei die zusätzlichen Kosten verhältnismäßig gering sind. Bei der Anschaffung sollte der Lagerraumbedarf im Geräteraum mitbedacht werden.

Sicherheit

Zur Absicherung des Geräts sind diejenigen Vorkehrungen zu treffen, die bei der Benutzung von Schwebebalken, Turnkästen u.ä. angezeigt sind. Je nach Wahl des Aufbaus können Lehrerinnen und Lehrer durch Hilfe- und Sicherheitsstellungen selbst die Übenden unterstützen oder Schülerinnen und Schüler dazu einsetzen.

Übungsformen am Lüneburger Stegel sind so vielfältig, daß eine Auswahl die Möglichkeiten nur unvollständig beschreiben würde. Die Kombination des Lüneburger Stegels mit anderen Großgeräten (Barren, Kästen, Bänke, Sprossenwände, Leitern, Ringe, Airtramp, Trampolin, Weichbodenmatten) zum Beispiel als Bewegungslandschaft bietet den Schülerinnen und Schülern Bewegungs- und Handlungsmöglichkeiten aller Schwierigkeitsgrade und für alle Bereiche der Bewegung.

Strickleitern (69)

Erlebnisse in und mit "Bewegungslandschaften" sind für Kinder in der heutigen Zeit besonders bedeutsam. Sie enthalten Erfahrungskomponenten, welche die

Lebenswirklichkeit selten bietet. Andererseits bereitet Kindern das Erproben eigener körperlicher Möglichkeiten sehr viel Freude. Daher versuchen Pädagogen und Sportdidaktiker mit den Kindern attraktive "Landschaften" für spontane Bewegungserlebnisse in Sporthallen nachzubauen. Als Beispiele für Bewegungsthemen sind zu nennen: "Schwingen und Fliegen", "Bewegungsbaustelle", "Schwingen" oder "Klettern und Steigen". Eine Grundannahme dabei ist, daß Kinder von ihrem eigenen Könnensstand her ihre Bewegungssituation selbst sehr wohl einzuschätzen vermögen. Sie versuchen, am Geräteangebot ihr Können zu erproben und es zu steigern, indem sie sich selbst weitere Aufgaben stellen, neue Situationen entwerfen und ausprobieren
(vgl. FRANKFURTER ARBEITSGRUPPE 1982, S. 180).
In derartigen Gerätearrangements lassen sich Stickleitern einbauen.
An Strickleitern kann man hochklettern, es können damit "Abgründe" zwischen zwei Großgeräten überwunden und Abstiege oder "Übergänge" gebaut werden.

Weichbodenmatten (70)

Häufig werden Weichbodenmatten im Sportunterricht nur als Geräte zur Sicherung eingesetzt. Darüberhinaus bieten sie jedoch eine Vielfalt an Spiel und Bewegungsmöglichkeiten. Ihre Größe und Beschaffenheit wecken bei den Kindern Ideen und regen zum Experimentieren an.
In Kombination mit anderen Geräten können die Bewegungs- und Spielformen noch wesentlich erweitert werden.

Spiel- und Bewegungsformen mit Weichbodenmatten

- Ein Kind liegt in Bauch-/Rückenlage auf der Matte. Die anderen gehen auf der Matte um es herum.
- Die Gruppe trägt die Matte durch die Halle. Ein Kind liegt/sitzt/steht darauf.
- Mehrere Schüler laufen auf der Matte. Die Dauer des Laufens hängt von der Belastbarkeit ab.
- Mattenkippen:
  alle Kinder stehen an einer Längsseite der Matte. Gemeinsam heben sie die Matte an der Längsseite, bis sie senkrecht steht. Nun stellen sich alle ganz dicht an die Matte (Anweisung: Bauch an die Matte drücken) und lassen sich vorwärts mit der Matte kippen.

– Mattenrutschen:
Die Matte liegt, mit der rutschigen Oberseite nach unten, flach am Boden. Die Kinder springen mit Anlauf auf die Matten. Dadurch rutscht die Matte ein Stück weiter.

Die Kinder können einzeln, oder zu mehreren in Handfassung oder ohne Handfassung auf die Matte springen.
Es bieten sich Spielformen wie "wer treibt die Matte mit einer bestimmten Anzahl Sprüngen am weitesten?"; "welche Gruppe treibt die Matte zuerst über eine bestimmte Linie oder bis zur anderen Hallenseite?"

Kombination mit anderen Geräten

– Balancieren:
Auf die Matte werden 2 Kastenoberteile gelegt (Polsterung nach unten). Die Kinder balancieren auf den Rändern.

– Wabbelmatte:

Unter eine Weichbodenmatte werden viele Bälle (Medizinbälle, Basketbälle) gelegt.
Darauf können einzelne Kinder liegen/sitzen/stehen und werden von den anderen, die um die Matte sitzen geschaukelt.

Wir versuchen darüber zu gehen. An den Längsseiten sitzen Kinder, die die Matte leicht bewegen und verhindern, daß sie zu stark nach einer Seite ausweicht.

– Matte als Fahrzeug:

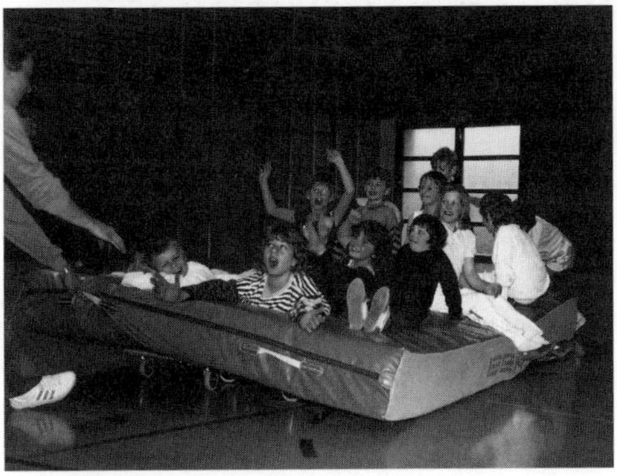

Die Weichbodenmatte wird auf Rollbretter gelegt.

– Tunnellabyrinth:
Weichbodenmatten über Kästen, Kästchen, Bänke lassen Tunnel entstehen, durch die man Kriechen oder mit Rollbrettern fahren kann.

– Klettergebirge:
Zwei Weichbodenmatten in eine Barrengasse senkrecht stellen und dann über die Holmen nach außen biegen. Davor stehen kleine Kästchen, damit sich die Matten nicht zurückbiegen. Nun versuchen wir das Gebirge zu überklettern. Noch interessanter wird das "Bergsteigen", wenn mehrere "Gebirge" aufeinanderfolgen.

– Schiefe Ebene:
Auf einem Kasten oder am Reck sind drei Bänke einseitig eingehängt. Auf diese schiefe Ebene wird eine Weichbodenmatte gelegt, am Ende liegt flach auf dem Boden eine weitere Weichbodenmatte. Wir steigen (über eine schräggestellte Bank, Kastentreppe) an der Steilseite auf und gehen, laufen, hüpfen, purzeln, rollen, wälzen, ... die schiefe Ebene hinunter.

– Riesenschaukel:
Zwei Reckstanken werden zwischen je zwei Ringen befestigt. Darauf werden Bänke gelegt und darauf eine Weichbodenmatte. Die Einzelteile werden jeweils mit Sprungseilen zusammengebunden.
Auf der Riesenschaukel können dann jeweils mehrere Kinder schaukeln.

Verwendung von Materialien im Wasser

Schwimmunterricht in der Schule, insbesondere in der Grundschule und in Sonderschulen muß das Ziel vor Augen haben, Schüler im Umgang mit dem Element Wasser *handlungsfähig* zu machen.
Handlungsfähigkeit im Wasser wird in drei aufeinanderfolgenden Schritten erworben:

- Schüler müssen vorhandene Ängste dem Element Wasser gegenüber abbauen.
- Schüler sollen sich im Wasser wohlfühlen und mit Freude ins Wasser gehen. Nur beim Vorhandensein dieses Wohlbefindens wird der Schüler lernfähig dem Element Wasser gegenüber.
- Schüler sollen mit allen Situationen im Wasser, auch unterschiedlichen Wassertiefen, zurechtkommen.

Aus diesen Zielformulierungen lassen sich folgende konkrete unterrichtliche Vorgehensweisen ableiten:

- Schüler sollen vielfältigste Erfahrungen sammeln im Hinblick auf Tätigkeiten mit, am, im, ins und unter Wasser.
- Schüler sollen vielfältige Erfahrungen sammeln mit verschiedenen Materialien im Wasser.
- Schüler sollen vielfältige Erfahrungen sammeln mit unterschiedlichen Wassertiefen; auch Wassertiefen , in denen sie nicht mehr stehen können.

In den weiteren Darstellungen werden wir nur auf den Gesichtspunkt “Verwendung verschiedener Materialien im Wasser” eingehen und versuchen zu begründen, weshalb diesem Erfahrungsbereich in den angesprochenen Schularten besondere Bedeutung zukommt:

- Materialien im Schwimmunterricht sollen bewirken, daß in der Anfangsphase des Schwimmunterrichts und bei ängstlichen Schülern der Aufforderungscharakter der Materialen vom Wasser ablenkt und die Schüler durch das spielerische Tun vergessen, daß sie sich im noch ungewohnten bzw. angstmachenden Element Wasser befinden.
- Das gewichtigste Argument für die Begründung des Einsatzes von Materialien im Schwimmunterricht scheint der Gesichtspunkt "Erfahrungen sammeln von Wirkungen des Wassers auf Materialien und umgekehrt von Wirkungen des Materials auf das Wasser" zu sein. Durch solche vielfältigen Erfahrungen, die stets mit aktivem Tätigsein der Schüler verbunden sind, können Schüler in hohem Maße die besonderen Eigenschaften des Wassers erleben und erfahren und darauf aufbauend im nächsten Schritt zu Erkenntnissen über das Wasser gelangen. Dies sind wichtige Grundlagen für später folgende Inhalte aus den Bereichen der Wasserbewältigung und den sportartbezogenen Tätigkeiten.

Die Verwendung von Materialien im Schwimmunterricht darf aus den dargestellten Begründungen nicht vernachlässigt werden und hat in der Grundschule und in Sonderschulen eine besondere Bedeutung. Der Lehrer sollte solche Unterrichtssituationen verhältnismäßig offen gestalten, d.h. für die Schüler Freiräume schaffen zum Experimentieren alleine und mit Partnern.

Schwimmsprosse (71)

Die Schwimmsprosse kann unter folgenden Gesichtspunkten Verwendung finden:

- Für ängstliche Schüler ist die Schwimmsprosse deshalb so wichtig, weil sie sehr kippstabil ist und einen sehr großen Auftrieb besitzt. Mit ihrer Hilfe kann das Lösen der Füße vom Beckenboden und damit die horizontale Körperlage im Wasser angebahnt werden.
  Für die ersten Versuche zum Aufenthalt im nicht-stehtiefen Wasser ist die Schwimmsprosse in besonderer Weise geeignet.

- Mit der Schwimmsprosse können ängstliche Schüler erste Erfahrungen machen mit Sprüngen ins Wasser. Dabei wird die Schwimmsprosse mit den Händen festgehalten.

- Die Schwimmsprosse ermöglicht ängstlichen Schülern erste Versuche zum Tauchen im freien Wasser, wobei die Schwimmsprosse mit beiden Händen festgehalten wird.
- Die Schwimmsprosse läßt sich als vielseitiges Spielgerät benützen, z.B. zum Gleichgewichtserhalt: auf der Schwimmsprosse sitzen oder stehen.

Mehrere Schwimmsprossen können in unterschiedlichsten Formen zusammengebaut werden.

Schwimmbretter (72)

Schwimmbretter eignen sich nicht nur als unterstützendes Hilfsmittel zum Erlernen und Festigen von Beinbewegungen verschiedener Schwimmtechniken, sondern können zu ausgezeichneten Spielgeräten "umfunktioniert" werden und lassen Schüler viele Erfahrungen und Erkenntnisse dem Wasser gegenüber machen. Dieses "Umfunktio-

nieren" gestatten jedoch nur qualitativ gute Schwimmbretter, deren Material nicht zu hart, aber dennoch stabil ist und kein Wasser aufnimmt.
Unter dem Gesichtspunkt "Spielen mit dem Schwimmbrett" lohnt es sich immer etwas mehr Geld bei der Anschaffung einzusetzen, um qualitativ gute und langlebige Geräte beschaffen zu können. Seit einiger Zeit werden auch verschieden große Schwimmbretter im Fachhandel angeboten. Bei größeren Schwimmbrettern eröffnen sich weitere Einsatzmöglichkeiten, insbesondere Partnerformen.

Nachfolgend werden einige Einsatzmöglichkeiten dargestellt:

den Wasserwiderstand von Schwimmbrettern erfahren:

- mit ihnen Wasser spritzen und Wellen erzeugen;
- sie unter Wasser drücken.

Das Auftriebsverhalten und die Tragfähigkeit von Schwimmbrettern erfahren.

- Das Schwimmbrett unter Wasser drücken und loslassen (verschiedene Lösungen suchen).
- Versuchen, das Schwimmbrett zum Beckenboden zu transportieren.
- In verschiedenen Formen das Schwimmbrett unter Wasser bewegen und dabei erfahren, in welcher Form dies leicht bzw. schwer zu machen ist.
- Im flachen und tiefen Wasser auf das Schwimmbrett stehen; dabei versuchen, das Gleichgewicht zu erhalten.
- Auf das Schwimmbrett sitzen.
- Rücklings und bäuchlings auf das Schwimmbrett liegen.

Schwimmbretter zum Springen ins Wasser einsetzen:

- in verschiedenen Formen über das Schwimmbrett springen. Dabei Gesichtspunkte der Sicherheit und Unfallverhütung berücksichtigen.

Schwimmbretter als Schlaggeräte benützen:

- Bälle mit Hilfe von Schwimmbrettern in verschiedenen Formen bewegen.
- Daraus Spiele in der Kleingruppe und Wettspiele wie z.B. Schlagvolleyball entwickeln.

Schwimmsprossen und Schwimmbretter in der Kombination (73)

Die Kombination von Schwimmsprossen und Schwimmbrettern eignet sich in besonderer Weise zum "Bootfahren", alleine, mit Partner und in Wetteifersituationen.

Bälle und Schwämme (74)

Bälle und Schwämme im Wasser haben für Schüler hohen Aufforderungscharakter und sind äußerst begehrte Spielgeräte. Wünschenswert ist das Vorhandensein verschiedenartiger Bälle, da sich ändernde Erfahrungen gemacht werden können.

Geeignet sind: Hohlbälle aus Plastik, große langsam fliegende Wasserbälle und Luftballons, Tischtennisbälle, mit Wasser gefüllte Luftballons, mit Salzwasser gefüllte Bälle (sinken zum Beckenboden).

Folgende Möglichkeiten ergeben sich beim Einsatz von Bällen:

- den Ball in die Luft werfen und auffangen/ im Sprung auffangen/ köpfen/ wegkikken.
- Sich mit einem Partner den Ball zuspielen.
- Den auf dem Wasser liegenden Ball wegkicken.
- Kleine Spiele mit dem Ball ins Wasser übertragen wie z.B. Tigerball, Kombinationsball, Kanonenball.
- Den Wasserwiderstand von Bällen erfahren: Bälle zum Beckenboden transportieren, Bälle unter Wasser bewegen.
- Den Auftrieb von Bällen erfahren: Bälle unter Wasser loslassen.
- Diese Aufgabe mit Zusatzaufgaben verbinden wie z.B. den aus dem Wasser springenden Ball auffangen.
- Versuchen, auf einem Ball zu stehen oder sich bäuchlings und rücklings auf einen Ball legen. Ist diese Aufgabe überhaupt lösbar?
- Während des Springens ins Wasser zusätzliche Aufgaben mit Bällen bewältigen: Den Ball mit beiden Händen vor dem Körper festhalten und ihn beim Eintauchen nicht loslassen.
  Den zugeworfenen Ball beim Fliegen auffangen/ wegfausten/ wegkicken/ wie ein Torwart im Hechtsprung fangen.
  Bei diesen Aufgabenstellungen die erforderlichen Sicherheitsmaßnahmen berücksichtigen.
- Wetteiferspiele mit dem sinkfähigen, salzwassergefüllten Ball entwickeln.

Schwämme im Wasser

Einfache Haushaltsschwämme (sehr preiswert) sind für Schüler ebenfalls sehr attraktive Spielgeräte im Wasser. Mit dem nassen Schwamm kann man Wasser über seinen eigenen Körper laufen lassen. Dasselbe kann man bei einem Partner machen. Mit dem nassen Schwamm kann man Wasser spritzen. Nasse Schwämme eignen sich hervorragend für die äußerst beliebteWasserschlacht.

Bunte Kugeln im Wasser (75)

Bunte Kugeln aus Plastik mit einem Durchmesser von 6 cm (für Kugelbäder) auf das Wasser geschüttet ergeben Spielvarianten, die vielseitiges Bewegen im Wasser auslösen.

Folgende Formen wurden von und mit den Kindern entwickelt:

- Durch das Wasser mit den Kugel gehen, gleiten, schwimmen, tauchen,
- Kugel durchs Wasser blasen.
- Kugeln sammeln,
  Kugeln einer Farbe sammeln,
  Sammler gleicher Farben tun sich zusammen.
  Wir nehmen eine weitere Farbe auf,
- Alle Kugeln "zusammentreiben".
  Um die gesammelten Kugel stehen wir im Kreis, bewegen uns zur Mitte und wieder zurück.
  Einzelne Kinder dürfen in der Mitte ein "Kugelbad" nehmen.
  Durch die Kugeln gehen, die Augen sind dabei dicht über der Wasseroberfläche.
  Wir springen vom Beckenrand in das "Kugelbad".
- Wir "treiben" alle Kugeln in den Sack (dünnmaschiges Netz).

Schüsseln und Wannen aus Kunststoff (76)

Schüsseln und Wannen aus Kunststoff in verschiedenen Formen, Größen und Farben bieten viele Möglichkeiten des Experimentierens mit diesem Material im Wasser. Diese Haushaltswaren sind einfach und preiswert in Einkaufszentren und Großmärkten zu kaufen.

Folgende Verwendungsmöglichkeiten lassen sich finden:

- der mit Wasser gefüllte Wannen im Duschraum, am Beckenrand zusammen mit weiteren Spielmaterialien. Diese Tätigkeiten sind bedeutsam für Kleinstkinder und dem Wasser gegenüber überängstlichen Kindern.

- Der auf dem Wasser schwimmende Wannen zum Bewegen im Wasser, als Zielobjekt, als Boot, in das man sitzen und mit dem man auf dem Wasser fahren kann.
- Die auf dem Wasser schwimmende, aber umgedrehte Wannen, unter die man gehen kann. Mehrere solcher Wannen können als "Luftstationen" dienen. Bei Tauchspielen kann unter ihnen der Luftvorrat erneuert werden.
- Die mit Wasser gefüllte und damit unter die Wasseroberfläche sinkende Wannen,
- die umgedreht auf dem Beckenboden stehende Wannen als Sprungplattform vom Wasser ins Wasser,
- die Wannen als Flugobjekt, in dem jeweils ein Kind als Pilot sitzt (Grundschulalter) und das vom Lehrer vom Beckenrand aus ins Wasser geworfen wird.

Schleuderhörner/Heulschläuche im Wasser (77)

Auch für das Wasser sind Schleuderhörner attraktive Spielgeräte, die durch ihren hohen Aufforderungscharakter die Kinder oft ihre Wassergehemmtheit vergessen lassen. Dabei schult Blasen durch den Schlauch vor allem das Ausatmen gegen den Wasserwiderstand.

Spielformen:

Die nachfolgend aufgezeigten Spielformen wurden zumeist von den Kindern während offener Spielsituationen entwickelt:

- Der gebogene Schlauch wird mit den Öffnungen nach oben ins Wasser getaucht. Bewegt man nun ein Ende nach oben, so fließt aus dem anderen Wasser heraus.
- Den so gefüllten Schlauch halten wir über uns und "duschen".
- Gegenseitig duschen.
- Bläst man in den gefüllten Schlauch, kann man wie ein Elefant mit Wasser spritzen.
- Beim "Elefantenspritzen" erzeugen wir Töne.
- Wir blasen durch den Schlauch ins Wasser. Dabei produzieren wir Töne.
- Wasser brodeln: Das eine Ende wird mit der Öffnung nach oben dicht unter die Wasseroberfläche gehalten, ins andere Ende wird hineingeblasen. Dabei Töne erzeugen.
- Wasser brodeln lassen, dabei befinden wir uns ganz unter Wasser und machen Töne dazu.
- "Walkonzert": Wir gehen alle unter Wasser und blasen mit unseren Schläuchen ein Konzert, so wie die Wale unter Wasser singen.
- Mit den Schläuchen blasen wir Luftballons oder Tischtennisbälle übers Wasser.
- Wir saugen die Luftballons mit dem Schlauch an und transportieren sie.

  - Tischtennisbälle auf ein Schlauchende legen. Es wird so hineingeblasen, daß die Bälle wegfliegen.
  - Beide Schlauchenden in einer Hand gehalten, ergibt einen Schläger zum Ballonspielen.
- Zwei Kinder stehen sich gegenüber, halten in jeder Hand ein Schlauchende und bilden so ein leuchtfarbenes Tor, durch das andere durchgehen, gleiten, schwimmen, tauchen können.
- Spiellied: "Machet auf das Tor"
- Geht man durch eng hintereinander gehaltene Torbögen, die so dicht am Wasser sind, daß beim Durchgehen nur noch die Augen über Wasser sind, entsteht ein Tunnel, der in leuchtenden Farben strahlt.
- Wir ziehen uns gegenseitig mit den Schläuchen durchs Wasser.
- Halten zwei Kinder zwei Schläuche zwischen sich, so kann ein drittes darauffliegen und durchs Wasser transportiert werden.
- Wird mit dazwischen gehaltenen Schläuchen eine Gasse gebildet, kann man Kinder darauf weiterschleudern (Vorsicht! Am Ende der Gasse sollte der "Ausstieg" gesichert werden).

Schwimmflossen (78)

Schwimmflossen gehören heute zum Schwimmunterricht in der Grundschule und in Sonderschulen. Ihre Verwendung erleichtert Schülern das Bewältigen bestimmter Situationen im Wasser:

- Mit Schwimmflossen können Kinder problemlos Wassertiefen bewältigen, in denen sie nicht mehr stehen können, obwohl sie noch keine Schwimmtechnik beherrschen. Diese Situation erfolgreich zu erleben, hat für Kinder äußerst positive Wirkungen auf ihr Selbstbewußsein, zumindest dem Wasser gegenüber.

- Anfangs kann es notwendig sein, Schwimmflossen mit anderen Hilfsmitteln wie Schwimmsprossen, Schwimmbrettern zu kombinieren. Diese werden abhängig vom Lernfortschritt abgebaut.
- Schwimmflossen ermöglichen das Erleben mit relativ großer Geschwindigkeit in Bauch- und Rücklenlage durchs Wasser zu kommen.
- Bestimmte Teilfertigkeiten der Schwimmtechniken Kraulschwimmen, Rückenschwimmen und Delphinschwimmen lassen sich durch den Einsatz von Schwimmflossen problemloser und schneller erlernen. Wichtig ist, den Zeitpunkt der Rücknahme dieser Hilfen zu finden.
- Teilfertigkeiten von Schwimmtechniken wie z.B. die Wechselbeinbewegung können durch Schwimmflossen variantenreicher gelernt werden. Unter dem Gesichtspunkt motorischen Lernens trägt dies zu einer besseren Verfügbarkeit dieser Bewegung bei.

Bei Verwendung von Schwimmflossen im Schwimmunterricht ist der richtige Umgang mit diesem Material zu beachten. Es besteht sonst die Gefahr, daß Schwimmflossen schnell unbrauchbar werden. Schwimmflossen werden nur in nassem Zustand am Beckenrand sitzend angezogen. Vor Verlassen des Wassers werden Schwimmflossen ausgezogen.
Aus organisatorischen Gründen sollten die verschiedenen Größen getrennt voneinander aufbewahrt werden. Damit läßt sich sicherstellen, daß so wenig Zeit als möglich vergeht, bis jeder Schüler "seine" Schwimmflossen gefunden hat.

LKW-Schläuche (79)

Diese Materialien sollte man sich gebraucht vom Reifenhändler zwecks Kosteneinsparung besorgen. Besonders eignen sich Schläuche von Kleinlastwagen. Nach gründlicher Reinigung lassen sich diese Schläuche problemlos ins Wasser nehmen. Aus Sicherheitsgründen sind lange Ventile abzudrehen und nach Aufblasen des Schlauches zusätzlich mit stabilem, wasser- und chemikalienunlöslichem Klebeband zu umwickeln.
Schläuche eignen sich als:

- sehr gute Spielgeräte im Wasser, mit denen man alleine und mit Partnern vielfältige Erfahrungen machen kann.
- Sie lassen sich bestens verwenden zum Thema "Springen ins Wasser": über, durch und auf den Schlauch in verschiedenen Formen springen.
- Sie können mit anderen Geräten wie z.B. Matten und Wannen kombiniert werden.

Schwimmfähige Matten (80)

Schwimmfähige, wasserabstoßende Matten werden im Fachhandel in verschiedenen Stärken, Größen, Formen und Farben angeboten. Solche Matten sind äußerst strapazierfähig und damit langlebig. Vor der Beschaffung sind die Preise der Anbieter zu vergleichen, da oftmals erhebliche Preisunterschiede vorhanden sind.

Diese Matten bieten im Wasser vielfältigste Verwendungsmöglichkeiten alleine, mit Partnern und in der Gruppe:

- in verschiedensten Positionen auf der Matte sein: alleine und mit Partnern. Sich und die Matte im Gleichgewicht halten.
- Die Matte wird als Floß verwendet, das mittels Beinbewegungen (=Motor) oder durch Paddel (=z.B. Schwimmsprossen) angetrieben wird.
- Sprungtürme bauen aus Matten und Zusatzmaterialien wie z.B. Schläuche, die als Inseln im Wasser schwimmen und von denen nach Erklettern ins Wasser gesprungen werden kann.
- Über Matten vom Land aus in verschiedensten Formen ins Wasser gelangen.
- Mit dickeren Matten lassen sich Rutschbahnen ins Wasser bauen. Dabei liegen die Matten mit einem Ende z.B. auf Startblöcken.

- Vom Beckenumgang auf im Wasser liegende Matten springen. Aus Sicherheitsgründen dürfen vom Lehrer nicht alle Sprungmöglichkeiten gestattet werden. Zudem muß ein Sicherheitsabstand zwischen Mattenende und Beckenwand eingehalten werden.
- Mit einem Wasserlaufweg kann man von einem Beckenumgang zum gegenüberliegenden übers Wasser gelangen. Die Bewegungsmöglichkeiten sind dabei äußerst vielfältig: wälzen und rollen, krabbeln, gehen und laufen, hüpfen; alleine und mit Partner.
- Vom Wasserlaufweg aus kann man ins Wasser springen.
- Der Wasserlaufweg kann von der Gruppe als Riesenfloß benützt werden.

Schwingende Taue über dem Wasser (81)

Für Kinder sind schwingende Taue über dem Wasser eine äußerst attraktive Bewegungssituation. Bei entsprechender Anbringung ergeben sich folgende Möglichkeiten:

- Das Tau überm Wasser und ein Sprungturm in Kombination (wie unter dem Kapitel schwimmfähige Matten beschrieben). Nach Erklettern des Sprungturms kann man sich am Tau haltend abschwingen und sich irgendwann ins Wasser fallenlassen.
- Vom Wasser aus am Tau hochklettern und sich ins Wasserfallenlassen.
- Vom Beckenrand aus kann man sich am Tau haltend abschwingen und sich irgendwann ins Wasser fallenlassen.

Im Hinblick auf Sicherheit sind folgende Gesichtspunkte zu beachten:

- unter dem Weg des schwingenden Taues darf sich niemand aufhalten.
- Eine ausreichende Wassertiefe muß vorhanden sein.
- Beim Schwingen vom Beckenrand aus darf der gegenüberliegende Beckenumgang nicht erreicht werden können. An der Abschwungstelle steht der Lehrer, um zu verhindern, daß der Schwingende beim Rückschwung den Beckenumgang wieder erreicht.

Materialien und Geräte im Winter

Einen Iglu bauen (82)

Zum Bau eines Iglus werden viele Hände gebraucht. Das Bauergebnis ist eine Leistung, welche von der Gruppe erbracht worden ist. Beim Schüler löst es Erstaunen aus, und er identifiziert sich mit diesem Bauwerk, da er selbst einen Teil zum Gelingen beigetragen hat.
Zusammen mit anderen im Iglu dann eine Mahlzeit einzunehmen oder gar darin zu übernachten, dies macht erst richtig Spaß. Bei entsprechender Schneelage sollte daher sofort die Gelegenheit genutzt werden, ein solches Vorhaben durchzuführen.

Bauverlauf:

Zur Herstellung der "Bausteine" eignet sich Pappschnee am besten, da er sich gut formen läßt. Ein eckiger Eimer, eine stabile Kühlbox aus Kunststoff oder Kisten dienen als Formen, mit denen man am ehesten auf schnelle Weise quaderförmige "Steine" herstellen kann.

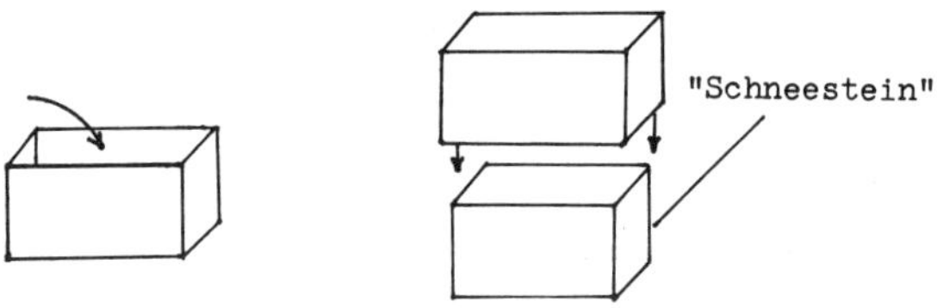

Schnee wird in die Form gepreßt

Die Form wird gestürzt

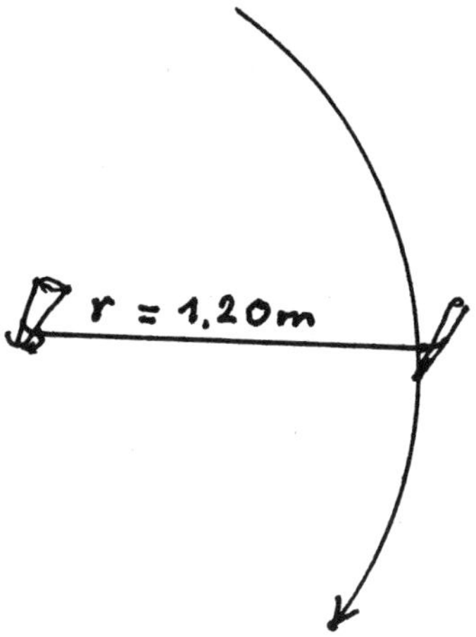

Der Grundriß wird mit einem "Zirkel" in den Schnee gezeichnet. Dieser besteht aus zwei Stöcken und einer Schnur.

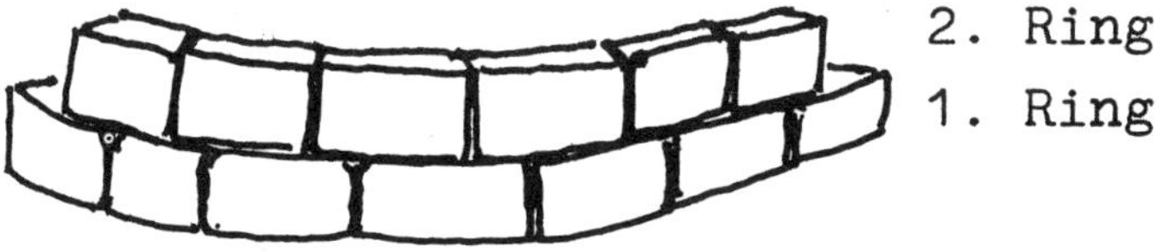

Aufmauern der Ringe: Dabei müssen die Fugen der "Bausteine" versetzt sein.

Die Kuppel entsteht, indem man die Ringe immer enger setzt. Dies geschieht am besten ab dem 4. Ring.

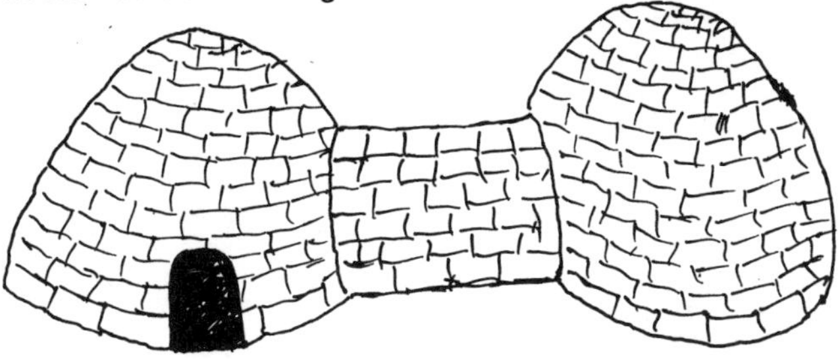

Sind genügend "Maurer" und "Bausteine" vorhanden, dann können zusätzliche Iglus gebaut werden, welche man mit Tunnels verbinden kann.

Fahrzeuge im Schnee (83)

Schlittenfahren einmal anders; dies soll den Kindern neue Fahr- und Bewegungsmöglichkeiten im Schnee vermitteln. Dafür eignen sich Materialien und Gegenstände, die neben den üblichen Geräten (Schlitten, Bob usw.) ohne nennenswerten Aufwand beschafft und eingesetzt werden können. Als Beispiele hierfür sollen die Verwendungsmöglichkeiten von Plastiksäcken und Autoschläuchen beschrieben werden. In Verbindung mit unterschiedlichen Geländeformen sollen die Kinder Fahr-, Bewegungs- und Spielmöglichkeiten erproben und weiterentwickeln. Gefahren und Risiken sollen erkannt werden.

Fahren

Die Kinder erproben Autoschläuche und Plastiksäcke (mit und ohne Schneefüllung) beim Abfahren. Fahren am Hang,

- Fahren um Hindernisse wie Torstangen, Schneehaufen, Skistöcke usw.,
- Fahren über "Wellenbahn"
- Über eine Schanze springen,
- Gegenständeeinsammeln:
  Neben der Bahn liegen verschiedene Gegenstände, die ohne anzuhalten eingesammelt werden sollen.
- "Ringestechen":

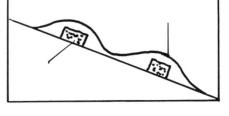

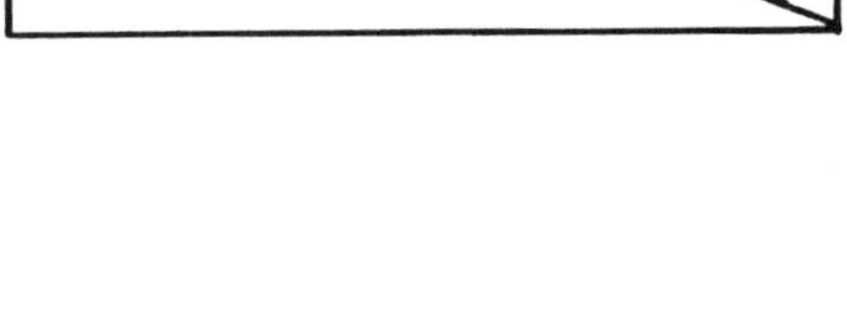

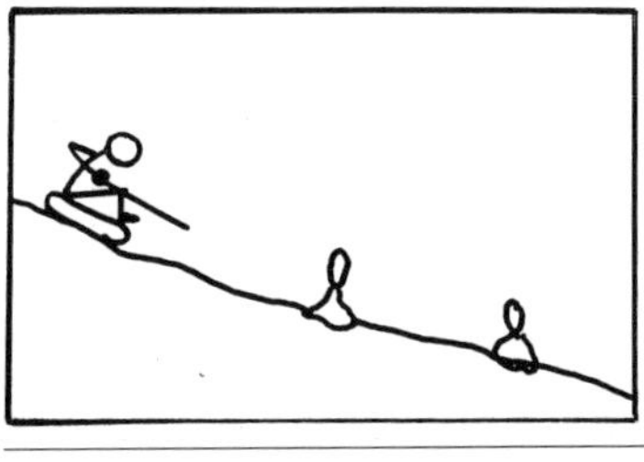

Während der Abfahrt soll versucht werden, Ringe, die neben der Bahn stehen, mit einem Stab zu "stechen". Wer kommt im Ziel mit den meisten Ringen an?

Ziele treffen
– Während der Abfahrt sollen möglichst viele Treffer erzielt werden (Schneebälle im Eimer oder und durch Reifen, Büchsen abtreffen usw.).

Fahren mit Partner und in der Gruppe:
– Zwei Kinder fahren mit einem Schlauch/Plastiksack.
– Beim Fahren fassen sich mehrere Kinder an den Händen und bilden eine fahrende Kette.
– Zwei oder mehrere Schläuche werden zu einem "Floß" zusammengebunden, auf dem die ganze Gruppe abfahren kann.

Spiele

Brücke bauen:

– Alle Schüler befinden sich auf dem Schlitten. Der letzte Schlitten bleibt frei. Dieser wird nach vorne gereicht. Die Kinder rücken auf, ohne dabei den Boden zu berühren. Der freiwerdende letzte Schlitten wird nach vorne gereicht, die Kinder rücken nach usw. Dies wiederholt sich solange, bis ein verabredetes Ziel erreicht ist.

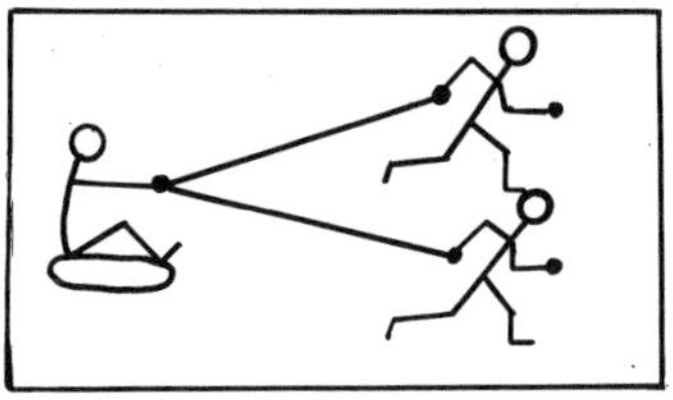

Wagenrennen:

– Ein Schüler sitzt als Fahrer auf dem Schlauch/Plastiksack. Mit beiden Händen hält er ein Seil in der Mitte fest. Zwei Mitschüler sind die Zugpferde und ziehen ihn.

Mögliche Wettkampfformen:

Die "Gespanne" laufen gegeneinander in direktem Vergleich.
Die "Gespanne" laufen einzeln auf Zeit (Runde/Strecke).
Nach einer vereinbarten Strecke wechseln "Fahrer" und "Pferd".
Jeder ist einmal "Pferd" und "Fahrer". Welches "Gespann" erreicht unter diesen Bedingungen als erstes das Ziel?

Anmerkungen zur Sicherheit:

Um Verletzungen und Beschädigungen an den Kleidern zu vermeiden, sollten die Ventile der Schläuche mit Schaumstoff und Klebeband umwickelt werden.

Langlaufski (84)

Der Skilanglauf gewinnt im Schul- und Freizeitsport zunehmend an Bedeutung. Er vermittelt neuartige Bewegungsabläufe, die in hohem Maße vom Rhythmus geprägt sind. Hinzu kommen häufig wechselnde Bedingungen wie Temperatur, Schneeverhältnisse, Wetter und Gelände, denen sich der Schüler anpassen muß. Vor dem Erwerb sportlicher Techniken haben bei Kindern spielerische Lernformen den Vorzug. Es soll daher im folgenden versucht werden, solche Formen aufzuzeigen, welche basale Fertigkeiten des Skilanglaufs vermitteln. Aufbauend darauf könnte ein mehr sportlich/technisch ausgerichteter Kurs folgen.

Übungen und Spiele im ebenen Gelände

Bewegungsaufgaben

- Entenfamilie:
  Gruppenweise zu 3-5 Schüler. Die Entenkinder laufen ihrer Mutter nach.
- Eine Sonne treten:
  Durch Wenden am Ort wird eine Sonne getreten.
- Figurenzeichnen:
  Jeder Schüler zeichnet eine Figur in den frischen Schnee.
- Seitwärts treten
- Beidbeiniges Hüpfen von der Grund- zur Grätschstellung und von der Grund- zur Pflugstellung.
- Hampelmann
- Beide Ski wechselseitig vor- und zurückschieben.
- Freies Laufen in einem Feld. Zusammenstößevermeiden.
- Laufen mit schwingenden Händen.
- Laufen mit den Händen auf dem Rücken.
- Paarweise laufen mit Handfassung.
- Abschleppdienst:
  Ein Schüler zieht seinen Partner mit Hilfe einer Stange.

- Tandem:
  Zwei Schüler laufen mit zwei Stangen synchron.
- Rollern auf einem Ski, wobei mit dem Fuß ohne Ski angestoßen wird.
- Rollern mit Partner (Handfassung).
- Rollern im Kreis.
- Auf dem Außenski, auf dem Innenski.

– Kreisel:
Mit Stange/Seil und Partnerhilfe umtreten bzw. umlaufen.

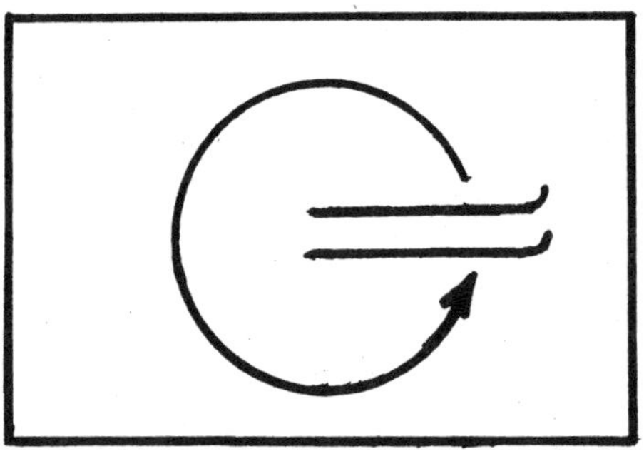

Schieben mit zwei Stöcken, mit einem Stock.

– Im Kreis umspringen, mit und ohne Stock.

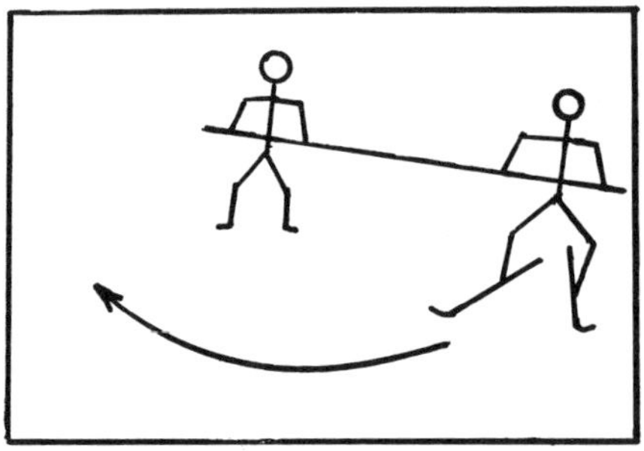

Einen Parcours durchlaufen

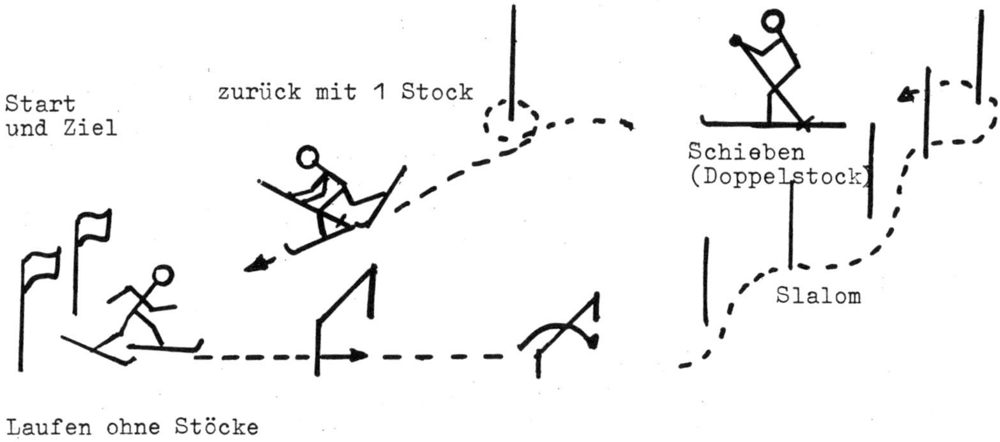

Je nach Können, Gelände und vorhandenen Materialien kann der Parcours variiert und erweitert werden.

Spiele

- Nachahmungsspiele:
  Gehen wie ein Storch, wie ein Elefant usw.
- Fangspiele:
  Fänger trägt Mütze und gibt diese dem Gefangenen weiter.
  Fänger trägt einen Ball und gibt diesem dem Gefangenenweiter.
  Schwarzer Mann
  Kettenfangen
  Fuchsschwanzfangen
  Ein oder mehrere Schüler haben einen "Fuchsschwanz" (Halstuch). Die Mitschüler versuchen, dieses zu ergattern. Wer erfolgreich ist, wird "Fuchs".
  Wolfsring
  Ein Schüler ist der Wolf. Er versucht, seine Mitschüler (Schafe) zu fangen. Das gefangene Schaf wird zum Wolf. In der Ringspur darf nur in einer Richtung, in der Kreuzspur beliebig gelaufen werden.

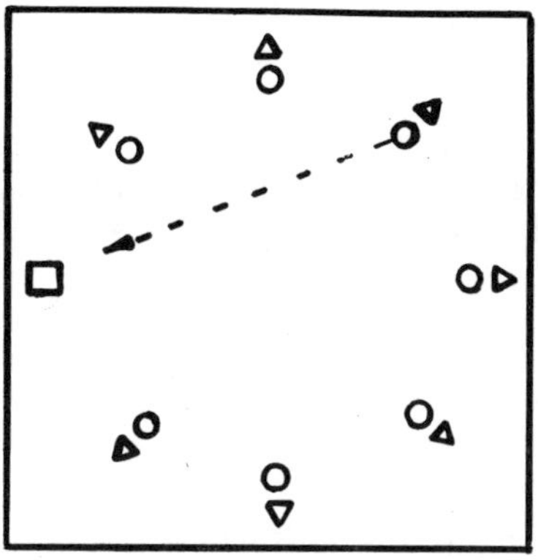

- Reaktionsspiele:
  "Tag und Nacht" aus verschiedenen Ausgangsstellungen (Stand, Bauchlage, Sitz usw.).
  Faules Ei
- Blinzeln:
  Doppelkreis. Ein Schüler steht einzeln. Dieser blinzelt einen Schüler des Innenkreises an, der sofort versucht, zu ihm zu laufen. Der Hintermann paßt auf und versucht ihn festzuhalten.

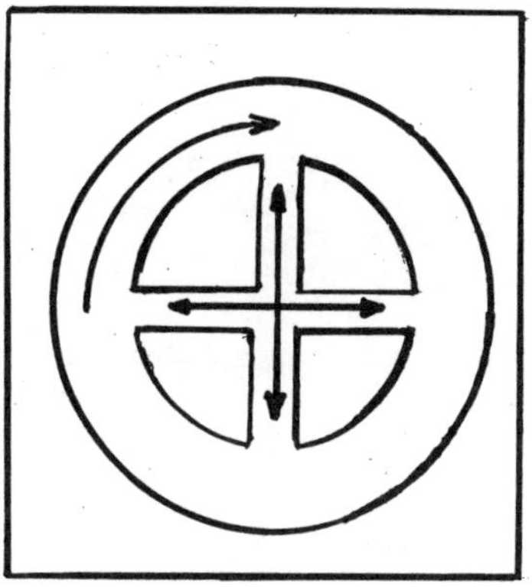

- Pferd und Wagen:
  Mehrere Paare laufen gegeneinander über eine vorgegebene Distanz. Auch mit Skiwechsel auf halber Strecke möglich.

– Verkehrsspiel:
Alle Schüler laufen auf vorgegebenen Spuren (Straßen). Auf einer Kreuzung gibt ein Schüler (Polizist) die Richtung an.

– Wettrennen mit Doppelstock:
Zur Fortbewegung sind nur Doppelstockstöße erlaubt.

Staffelläufe

– Umlaufstafette mit einem Ski:
Die Gruppe läuft gemeinsam eine Runde mit einem Ski. Skiwechsel. Die zweite Runde wird mit dem anderen Ski gelaufen. Welche Gruppe ist zuerst im Ziel?

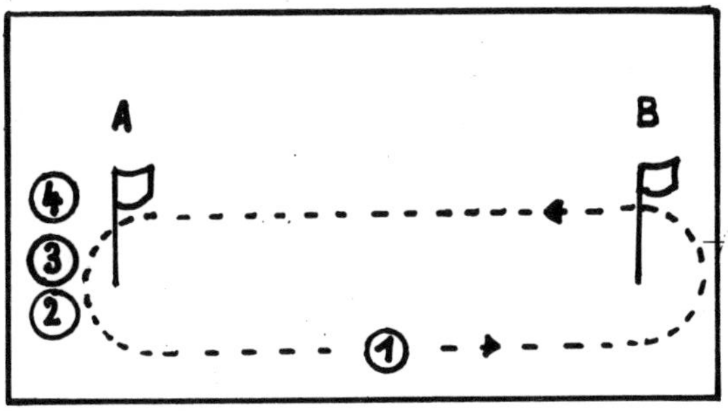

– Mitlaufstafette:
Nr. 1 läuft eine Runde. In der zweiten Runde wird Nr. 2 mitgenommen usw. bis die ganze Gruppe läuft. Dann bleibt Nr. 1 zurück usw. .
Am Schluß läuft Nr. 4 die letzte Runde. Welche Gruppe ist zuerst fertig?

– Transportstaffeln:
z.B. Schneebälle im Eimer, die beim Wechsel in den Eimer des Nachfolgers umgeschüttet werden.

Ballspiele

– Tigerball
– Völkerball
– Ball über die Schnur
– Korbball
– Fußball, wobei die Spieler nur einen Ski haben. Mit dem freien Fuß wird der Ball gespielt.
– Handball

Übungen und Spiele am Hang

Am Anfang sollte ein Hang mit ebenem Auslauf gewählt werden. Danach, wenn sich eine gewisse Sicherheit beim Abfahren eingestellt hat, sollte der Pflug als Bremsmöglichkeit erlernt werden.

Übungen:
– Aufsteigen im Grätenschritt oder Treppenschritt

Aufsteigen mit Partner und Gruppe
– Grätenschritt
Zwei oder mehrere Schüler steigen rhythmisch hintereinander aufwärts, wobei Stangen als Führungshilfe dienen.

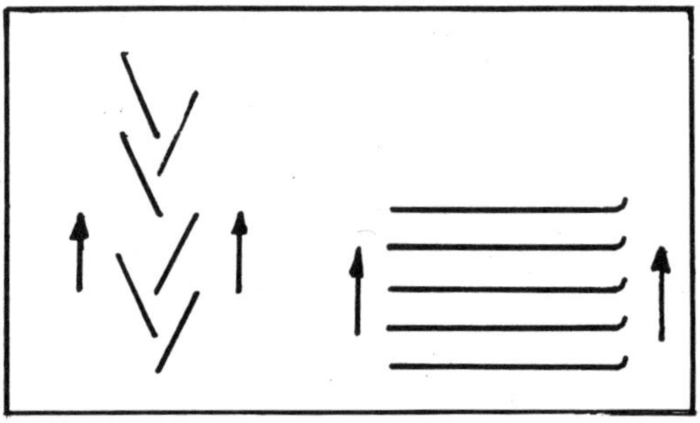

- Treppenschritt
  Zwei oder mehrere Schüler steigen rhythmisch miteinander bergauf (Handfassung).
- Paarweises Aufsteigen mit gegeneinandergerichteten versetztenSkispitzen

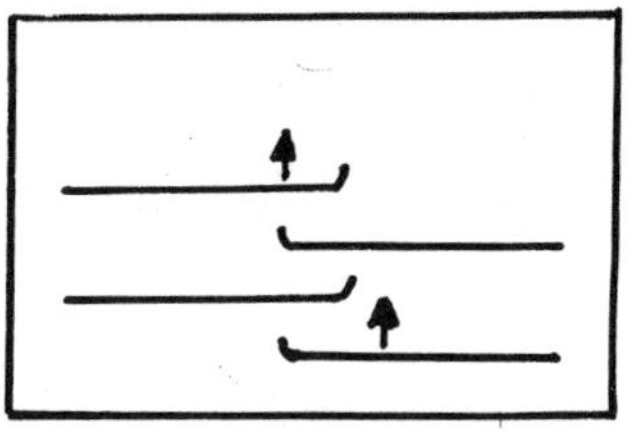

Abfahren (einzeln)

Während der Abfahrt Knie beugen - strecken
- Während der Abfahrt im Wechsel den linken und den rechten Ski bei Markierungen (z.B. Zweige) anheben.
- Telemark
  Änderung der Ausfallstellung: linker Ski vorne - rechter Ski vorne.

- Windmühle
  Eine Stange/Stock während der Fahrt vor dem Körper kreisen lassen.
- Hexenritt
  Bremsen mit einer zwischen den Beinen gehaltenen Stange.
- Hampelmann
  In der Schrägfahrt auf dem Bergski fahren. Den Talski seitwärts schwingen.
- Tunnelfahren
  Die Schüler fahren durch Tunnel. Auch in Kombination mit Wellen und Mulden möglich.

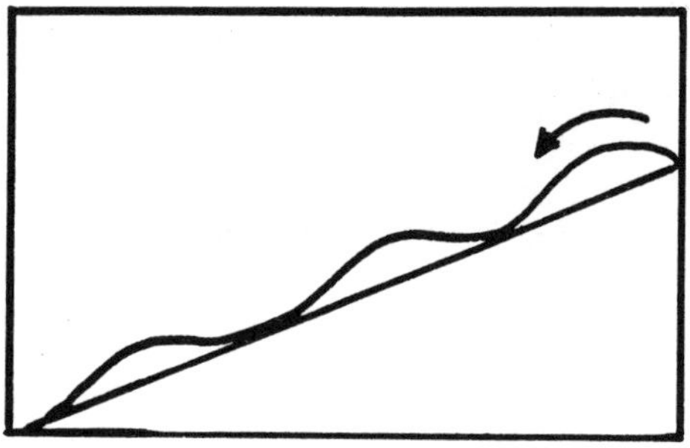

Wellenbahnen

Einfache Wellenbahn

Doppelte Wellenbahn (versetzt)

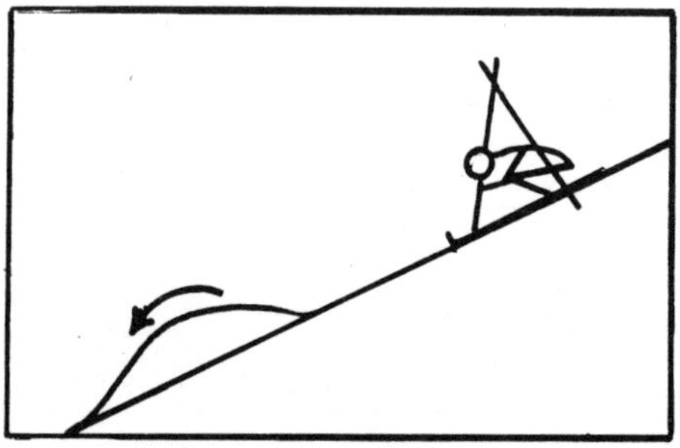

Wellenbahn und Stangentore

Abfahren mit Partner und Gruppe

– Paarweises Abfahren mit Beugen und Strecken der Beine. Wechselweises Abheben eines Beines.
Seitbeugen links und rechts mit einer Stange.
– Mitfahren.

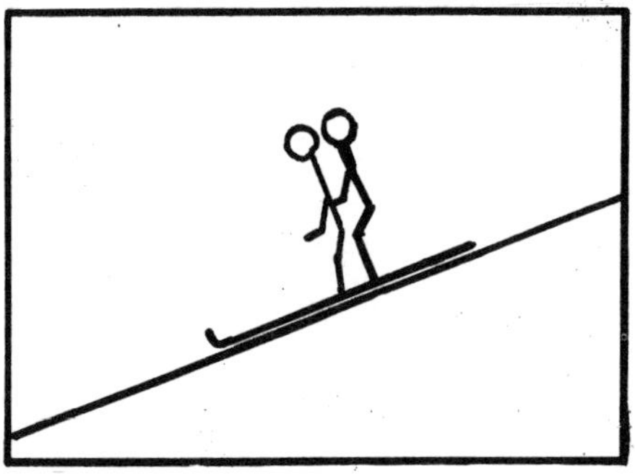

Mitfahren vorwärts

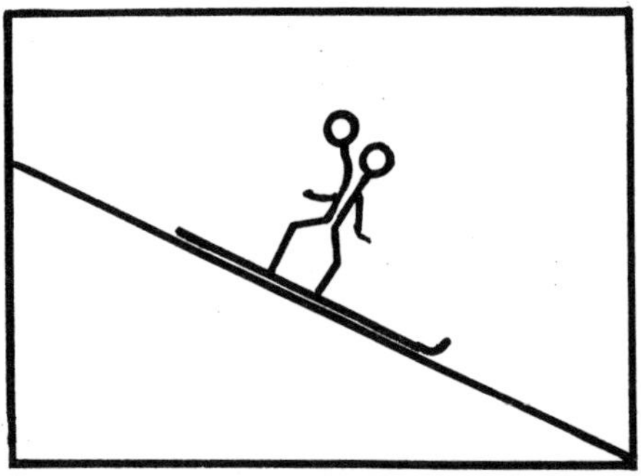

Mitfahren rückwärts

– Pumpe
Fahren zu dritt mit eingehakten Armen. Der mittlere Fahrer zieht abwechselnd die Beine an und streckt sie wieder. Er wird dabei von den äußeren Fahrern gehalten.
– Sessel
Die äußeren Fahrer halten eine Stange in Kniehöhe. Der mittlere sitzt darauf.
– Der äußere Fahrer im Ausfallschritt, der mittlere ist aufrecht. Hohe Fahrstellung - tiefe Fahrstellung im Wechsel.

Springen

– Rhythmisches Überspringen von Stangen am Boden.
– Abspringen auf kleinen Schanzen

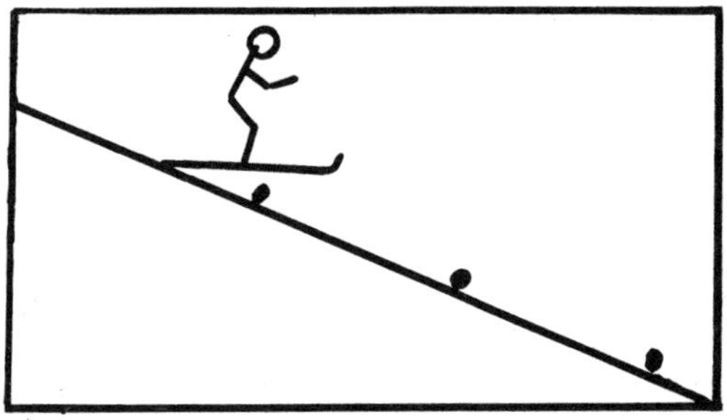

Spiele

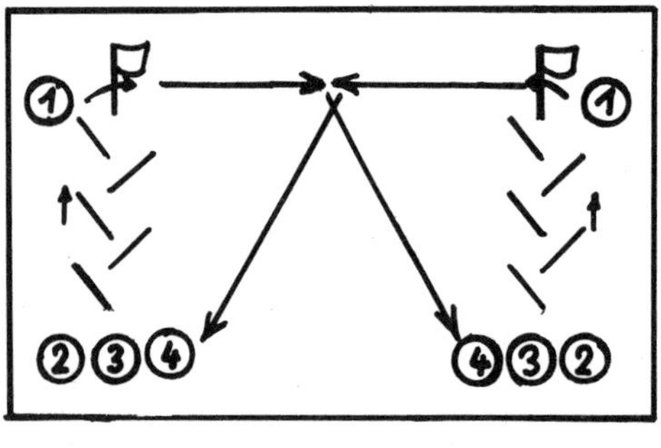

Im folgenden handelt es sich um Spiele und Wettkampfformen, welche die Elemente Steigen, Abfahren und Laufenbeinhalten.

– Platzwechsel
Welche Gruppe hat zuerst den Platz gewechselt?

- Geschicklichkeitsparcours:
  Laufen - Hindernis übersteigen - Aufsteigen - Slalom (Ebene) - Tunnelfahren - Wellenbahn - Schußfahrt ins Ziel. Als Stafette, als Gruppenlauf möglich.
- "Biathlon"

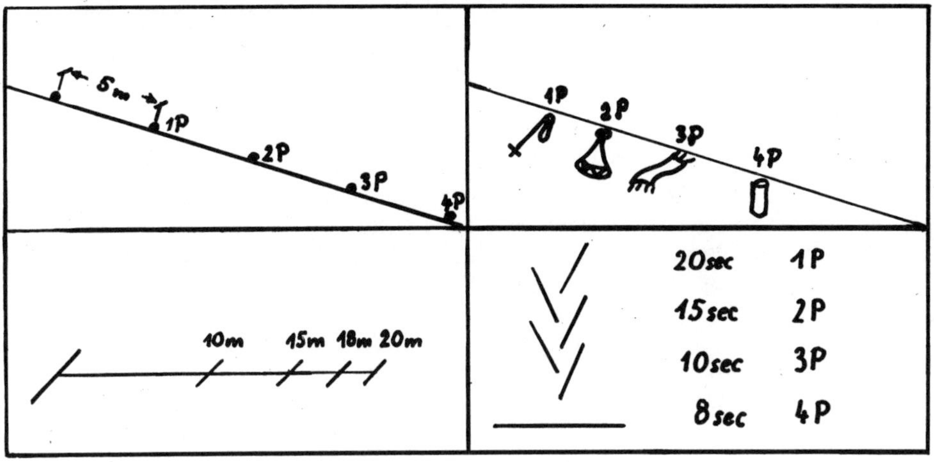

Länge und Schwierigkeitsgrad der Strecke muß dem Können des Schülers angepaßt werden.
- Parcours mit Punkten
- Mit einem Bein abfahren. Wie weit wird gefahren?
- Beim Abfahren Gegenstände aufsammeln. Wieviele werden mitgenommen?
- Fünf mal Doppelstockeinsatz. Wie weit gelangt der Fahrer?
- 20 Meter Grätenschritt am Hang. Wie schnell wird gefahren?

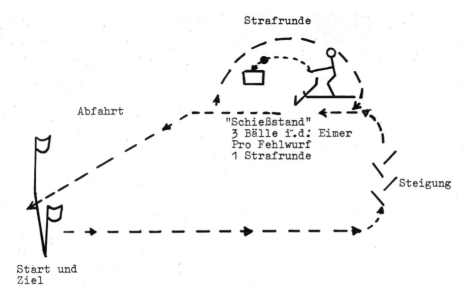

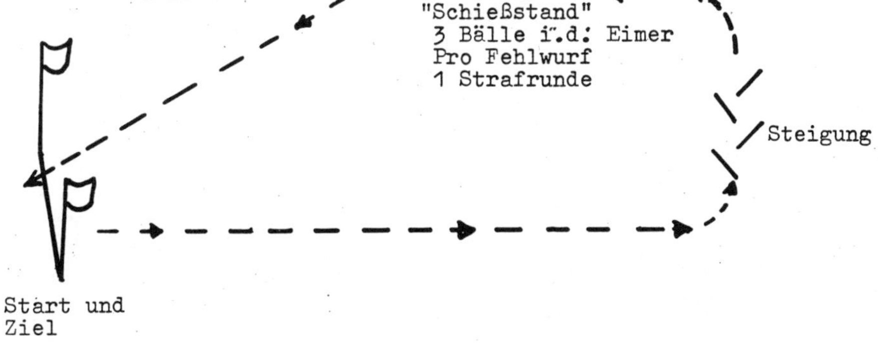

Musikinstrumente in der Bewegungserziehung

Einführung

Die Verbindung von Musik und Bewegung ist ein wichtiger Bestandteil sowohl der Musikerziehung wie auch der Bewegungserziehung. Gerade im Sportunterricht sind zahlreiche Elemente aus diesem Bereich realisierbar.
Schwerpunkt der folgenden praktischen Beispiele ist der Einsatz von Musikinstrumenten innerhalb des Sportunterrichts. Dabei wird der Begriff "Instrument" weit gefaßt:
Neben dem traditionellen Orffinstrumentarium finden auch Körperinstrumente (wie Patschen, Stampfen, Stimme), Umweltinstrumente (wie Naturmaterialien, selbst hergestellte Instrumente aus Abfallmaterialien) aber auch Tonträger ihre Berücksichtigung.

Hier einige grundlegende Hinweise.

Bewegungs- und Tanzlieder, auch Tänze (z.B. Volkstänze) sind bisher schon fester Bestandteil innerhalb des Sportunterrichts.
Erweitert wird dieser Bestandteil nur durch den Hinweis, daß Orffrock-, Gitarren- oder Band-AG hier zahlreiche Einsatzmöglichkeiten bei der Begleitung von Bewegungsaktivitäten - bis hin zum Rock'n'Roll-Tanz - in der Sporthalle finden.
Auch der Einsatz von Instrumenten als Signal für Ruhe - Bewegung, für bestimmte Bewegungsarten etc. soll nicht weiter vertieft werden.
Weiter wird der Einsatz von Musik auf Tonträger - bis auf ein Beispiel - nicht intensiver verfolgt.

Den nun folgenden Beispielen liegt ein ganzheitlich orientierter Ansatz zugrunde. Dieser hebt vor allem auf die Verbindung von Motorik, Wahrnehmung, Emotionalität und Kreativität/Phantasie ab.
Ausgangspunkt und Rahmen bilden immer konkrete bzw. phantastische Vorstellungsbilder, die durch Realbegegnungen bzw. Rahmengeschichten mit den Kindern gemeinsam entsprechend ihrem Entwicklungsstand entwickelt werden. Die Umsetzung dieser Bilder beim einzelnen Kind mündet ein in vielfältige Gestaltungsversuche im motorischen wie instrumentalen Bereich. Dabei werden die zahlreichen Versuche der einzelnen Kinder aber auch der Gruppe zunehmend hin zu einer Ganzheit entwickelt. So entsteht ein Klang- und Bewegungsbild, das an verschiedensten Punkten Ansätze für fächerübergreifendes Arbeiten bietet. Gleichzeitig ist der einzelne Schüler entsprechend seines Entwicklungsstandes integrierbar in diesen Prozeß.
Die vorliegenden Beispiele aus der Praxis sind eine kleine Auswahl und dienen lediglich als Anregung für weitere Gestaltungsversuche unter Einbeziehung von Instrumenten im Sportunterricht.

Instrumente (85)

Neben zahlreichen Instrumenten aus unserer Umwelt wie z. B. Laub, Kastanien, Zeitungspapier kommen körpereigene Instrumente zum Einsatz (Stimme, Klatschen etc.).
Für die geschilderten Beispiele wurden folgende Instrumente aus dem Orffbereich eingesetzt:
- Handtrommeln, Pauke, Triangel, Baßxylophon, Metallophon,
- Glockenspiel, Klangstäbe, Rasseln, Klanghölzer, Guiro,
- Kuhglocke.

Desweiteren wird ein Kassettenrecorder benötigt.

Klang- und Bewegungsbild - Thema "Verkehr" (86)

Zunächst beschäftigen wir uns intensiv mit Fahrzeugen und Fußgängern. Hierbei ist es sinnvoll, Verkehrsbeobachtungen mit den Schülern durchzuführen.
Dabei werden die Geräusche der Verkehrsteilnehmer auf Kassettenrecorder aufgenommen. Auch Eigenerfahrung (z.B. Fahrrad, Fußgänger, Busfahren) werden aufgegriffen und eventuell auf Tonträger aufgezeichnet. In der Turnhalle hören wir gemeinsam die Aufnahmen an und entwickeln Vorstellungen zur bewegungsmäßigen Umsetzung der Verkehrsteilnehmer.

- Beispiel: Lastwagengeräusch

Umsetzung eher langsamer Bewegung, der ganze Raum steht zur Verfügung. Regel: Nicht zusammenstoßen.
Nachdem nun zahlreiche Verkehrsteilnehmer zum Geräusch auf Band mit Körperbewegung imitiert wurden, ersetzen wir das Band durch unsere Stimme.

- Beispiel: Lastwagengeräusch
  Tiefes Brummen, Stimmodulation beim Bremsen/Gasgeben

An dieser Stelle ist es immer noch wichtig, daß die ganze Kindergruppe an einem Fahrzeug arbeitet.
Im nächsten Schritt suchen sich die Kinder nun ein passendes Instrument zum jeweiligen Fahrzeug.

- Beispiel:
  Lastwagen - Baßxylophon
  Fahrrad - Triangel, Kuhglocke

Die Fahrzeug- bzw. Fußgängerbewegung wird nun durch das Instrument begleitet, ergänzt in der Regel durch die Stimme.

Nach der Erarbeitung der einzelnen Verkehrsteilnehmer können wir die gesamte Verkehrssituation entstehen lassen. Jedes Kind darf sich heraussuchen, welches Fahrzeug bzw. welchen Fußgänger es spielen möchte.
Es ist sowohl möglich (abhängig von der Gruppe) im unstrukturierten Raum wie auch im strukturierten Raum (aufgeklebte Straßen mit Kreppklebeband) zu arbeiten. Die Verkehrsteilnehmer können durch Bildkarten bzw. Ampelkarten gesteuert werden. Dazu spielt immer das entsprechende Instrument und begleitet "seinen Verkehrsteilnehmer" .

Klang- und Bewegungsbild "Herbst" (87)

Auch hier ist der Ausgangspunkt die Realbegegnung außerhalb der Schule. Zunächst ist es wichtig, daß die Schüler den Herbst mit allen Sinnen erleben und erfahren. Wir machen uns auf den Weg mit Kindern

- durch die Herbstwiesen, wenn die Herbstsonne scheint,
- am Morgen, wenn es neblig ist,
- wir erleben mit ihnen den Herbstwind,
- das Rascheln der Bäume,
- das Laufen durch dichtes Laub im Herbstwald,
- das Knarren dürrer Äste und vieles mehr.

Auf dem Weg durch den Herbst sammeln wir vielfältige Materialien: Kastanien, dürres Gras, Laub, Äste etc.

Diese werden in der Turnhalle mitten im Raum auf große weiße Bogen Papier ausgebreitet. Nach einem Gespräch darüber, woher die Materialien sind, erzeugen wir Geräusche mit ihnen:
- das Fallen der Kastanien,
- das Rascheln des Laubes,
- das Knarren der Äste,
- das Rauschen dürrer Gräser.

Die Geräusche werden mit dem Tonbandgerät aufgenommen. Nun entwickeln wir mit den Kindern gemeinsam Bewegungsbilder zu den Geräuschen. Wir spielen den Herbstwind, das Fallen von Blättern, das Laufen durch dichtes Laub usw.
Die Bewegung können mit körpereigenen Instrumenten bzw. mit den aufgenommenen Naturgeräuschen begleitet werden.

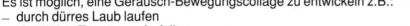

Weiter versuchen wir, die Herbstgeräusche mit dem Orffinstrumentarium darzustellen. Diese Klänge und Geräusche werden in Bewegung umgesetzt.
Es ist möglich, eine Geräusch-Bewegungscollage zu entwickeln z.B.:
- durch dürres Laub laufen
- Kastanien/Tannenzapfenfallen
- der Nebel kommt
- die Sonne bricht durch

aber auch, daß mehrere Dinge überlagert, d.h. gleichzeitig realisiert werden.

Klang- und Bewegungsbild "Riese - Zwerg" (88)

Die Riesen und Zwerge sind Bestandteil zahlreicher Märchen, Geschichten und Mythen. Die Kinder finden sich dabei mit ihrer eigenen psychischen Entwicklung (vom Kind zum Erwachsenen, schwaches - starkes "Ich") wieder.
Die Kinder verwandeln sich während des Spieles in Riesen und Zwerge.
Riesen sind groß und laufen schwerfällig - Zwerge sind klein und bewegen sich flink. Die Bewegung der Riesen wird durch die Pauke bzw. das Baßxylophon mit langsamen Schlägen begleitet, Klanghölzer oder Glockenspiel bzw. Sopranxylophon begleiten die flinken Bewegungen der Zwerge mit schnellen Schlägen.
Nun zum Spiel:
In der Halle liegen verstreut Reifen. Diese Reifen stellen Berge dar, in die sich die Zwerge verstecken.

Zunächst stapfen die Riesen (alle Kinder), begleitet durch ihr Instrument in dem Raum zwischen den Reifen. Dabei "brüllen" sie mit tiefer Stimme:
"Riesen stapfen lang und schwer
in dem Wald so hin und her."
Dann kommt der Wechsel (hohe piepsige Stimme):
"Und die kleinen Zwerge
verstecken sich im Berge."
Die Kinder verwandeln sich in Zwerge und huschen, begleitet durch die Zwergenmusik, in die Berge (Reifen) und verstecken sich da.
Dann kommt wieder der Wechsel.
Das Spiel wird mehrfach wiederholt und kann als ritualisierter Baustein eine Klasse mehrere Wochen begleiten.
Sinnvoll ist es, das Spiel in eine Geschichte/Märchen von Riesen und Zwergen einzubetten.

Klang- und Bewegungsbild "Wasser" (89)

Als Einstieg in dieses Thema wählen wir eine Phantasiereise (siehe Anhang dieses Kapitels).

Die Kinder liegen auf weichen Matten im Raum - im Hintergrund läuft Entspannungsmusik bzw. "natural sounds" (Meeresrauschen). Wir begeben uns mit den Kindern gemeinsam auf die Reise - der Lehrer liest die Geschichte vor.

Danach unterhalten wir uns über unsere Bilder und setzen sie mit vielfältigen Materialien (Tücher, Schaumstoffbälle, Fallschirm) in Bewegung um.

Im Hintergrund läuft Entspannungsmusik.

Als nächsten Schritt versuchen wir, das Rauschen des Meeres, die Wellen mit Instrumenten umzusetzen. Diese Meeresmusik kann aufgezeichnet und mit den Bewegungsbildern begleitet werden.

Zum Abschluß der Doppelstunde legen wir uns noch einmal entspannt auf die Weichbodenmatte, stellen uns vor, wir liegen am Strand im warmen Sand und hören das Rauschen des Meeres.

Beispiel für darstellendes Spiel im Sportunterricht (90)

" Die Abenteuer des Ponypferdchens Jonny"

Das im Anhang des Kapitels aufgeschriebene Märchen kann im Gestaltungsbereich durch folgende Handlungsfelder realisiert werden:

Handlungsfeld "Szene/Spiel"

Folgende Aufgliederung ist möglich:

- 1. Szene:
  Jonny in seinem Haus und auf der Wiese.
- 2. Szene:
  Jonny macht sich auf den Weg und kommt in den Wald.

- 3. Szene:
  Jonny geht durch den Wald und kommt zum Schloß des Riesen Fürchterlich.
- 4. Szene:
  Der Riese möchte Jonny fangen, aber Jonny gelingt die Flucht.
- 5. Szene:
  Jonny schläft. Die Schlange Giftzahn kommt angeschlichen.
- 6. Szene:
  Jonny merkt im letzten Moment die Gefahr und flüchtet abermals.
- 7. Szene:
  Der Adler Scharfauge findet Jonny und fliegt ihn heim.

Handlungsfeld "Bewegung"

Bewegungsaufgaben finden sich vorrangig bei der Gestaltung
- des Ponys (verschiedene Gangarten / schlafen, aufstehen,
- Gang durch den Wald, Flucht)
- des Waldes (Bäume und Büsche werden mit erhobenen Händen
- dargestellt, sie wiegen sich im Wind, biegen sich.
- Der Wald wächst - Kinder liegen zunächst auf dem Boden...)
- des Riesen Fürchterlich
- der Schlange Giftzahn
- des Adlers Scharfauge

Handlungsfeld "Stimme"
- Imitation des Galoppierens, des Zischens der Schlange, des Brüllens des Riesen.

Handlungsfeld "Instrumente"

Die Bewegungsaufgaben werden durch zugeordnete Instrumente mitgestaltet und verdeutlicht:

Pony Jonny
- Holzblechtrommel, Handtrommel, Rassel, Kastagnetten, Holzxylophon z.B. galoppierender Rhythmus.

Wald
- "Umweltinstrumente": Zweige, Äste, Papier, etc. z.B. Knistern.

Riese Fürchterlich
- Pauke, Baßxylophone, großes Becken z.B. langsamer, schwerer Rhythmus.

Schlange Giftzahn
- mit Fingerspitzen auf Naturfell der Handtrommel reiben, Schellenbänder, Rasseln, z.B. kriechende Bewegung der Schlange begleiten.

Adler "Scharfauge"
- das Fliegen des Adlers wird durch Metallophone, Glockenspiele, Triangeln dargestellt.

Handlungsfeld "Sprache"
- Sprechvers des Riesen: "Ich bin ...."
- Dialog Pony - Adler

Material:
- Eventuell Reifen oder Stangen als Bäume, Masken bauen für die einzelnen Tiere (Kostümierung).

Anhang 1: Phantasiereise

Wir wollen uns gemeinsam auf den Weg einer Phantasiereise machen:
Stellt euch bitte einen Augenblick hin und schließt die Augen...
Jetzt haltet die Arme in die Höhe und laßt dabei die Augen weiter geschlossen.... Stellt euch jetzt auf eure Zehenspitzen und versucht, mit den Fingerspitzen die Decke des Raumes zu erreichen.... Versucht, noch ein wenig höher zu greifen... und noch ein wenig höher...
Jetzt öffnet die Augen und setzt euch bequem hin... sucht euch eine ganz bequeme Stellung....
Jetzt schließt die Augen wieder... sitzt ihr bequem?... versucht es euch noch ein bißchen bequemer zu machen.... Beginnt ruhig und tief zu atmen und stellt euch vor, daß ihr die Luft bis in die Oberschenkel und die Arme einzieht... Atmet gründlich aus und achtet darauf, daß keine verbrauchte Luft in eurem Körper zurückbleibt... Hört die Musik und seid ganz entspannt...
Ich werde euch nun eine kleine Geschichte erzählen und euch auf eine Phantasiereise mitnehmen.
Versucht, mir zu folgen. Stellt euch das vor, was ich euch erzähle.
Wenn ihr an Stellen kommt, die euch nicht gefallen, müßt ihr mir nicht folgen. Hört einfach auf meine Stimme und folgt ihr, wenn ihr wollt.

Stell dir vor, du bist an einem Meeresstrand... der Himmel ist strahlend blau und die Sonne scheint... ein angenehmer Wind weht vom Meer her.... Wie sieht der Strand aus? ... Gehe ein wenig umher.... bücke dich, berühre den Sand, spüre dabei das Wasser....
Gehe weiter.... Was riechst du? ... Gefällt es dir hier?....
Nun schaue auf das Meer hinaus... Wie kommt es die vor?..... Siehst du die leichten Wellen?.... Du schlenderst weiter und suchst dir einen schönen Platz im Sand.... Langsam legst du dich in den Sand... Schön warm ist er.... und weich... Hörst du das Rauschen des Meeres?... Spürst du die Sonne auf deinem Bauch?... Warm und wohlig?... Ganz ruhig liegst du... Wärme und das Rauschen des Meeres umgeben dich... Stell dir nun vor, du wirst zu Sand....
Schöner warmer, weicher, sauberer Sand.... Ganz leicht und weich bist du... Der warme weiche Wind spielt mit dir... Er trägt dich zum Wasser.... warmes, sanftes Wasser... Es ist schön wie das Wasser mit dir spielt.... Ein Welle trägt dich zurück auf den Strand.... Ruhig liegst du da.... Die Sonne trocknet dich...
Langsam und behutsam formst du dich wieder..... Du wirst wieder du... Liege noch eine Weile und lausche der Musik.... Wenn die Musik zu Ende ist, dann öffne wieder die Augen und kehre zurück in die Wirklichkeit.

Anhang 2: Die Abenteuer des Ponypferdchens Jonny

Auf einer schönen grünen Wiese steht ein kleines Häuschen. In dem Häuschen wohnt Jonny, ein kleines Pony. Jeden Tag, wenn die Sonne mit ihren Strahlen in sein Zimmerchen hereinscheint, wacht Jonny auf. Schnell steht er auf und geht auf seine

schöne grüne Wiese. Er springt vor Freude über den schönen Tag hin und her, frißt Gras und spielt mit seinen Freunden, den Schmetterlingen. Ab und zu besucht ihn auch sein Freund, der Adler "Scharfauge". Dann darf Jonny mit ihm weit über die Wiesen und Wälder fliegen. Eines Morgens, die Sonne lacht am Himmel, sagt Jonny zu sich: "Heute möchte ich etwas erleben". Jonny macht sich auf den Weg.

Am Anfang galoppiert er noch schnell und munter über die Wiesen. Aber mit der Zeit wird er langsamer. Jonny kommt an einen riesigen alten Wald. "Ich muß mal schauen, was es in dem Wald alles gibt" denkt Jonny. Schritt für Schritt geht Jonny, vorbei an den alten Bäumen, in den Wald hinein. Plötzlich kommt er auf eine große Lichtung. Dort steht das Riesenschloß, in dem der Riese Fürchterlich wohnt. Der Riese Fürchterlich schaut gerade zum Fenster hinaus. Als er Jonny sieht, brüllt er: "Ich bin der Riese Fürchterlich und komme und fresse dich!" Und der Riese steigt die großen Stufen von seinem Schloß hinunter.

"Lauf, Jonny, lauf so schnell du kannst, sonst schnappt dich der Riese Fürchterlich und frißt dich auf"!

Und Jonny galoppiert so schnell er kann über die Lichtung in den Wald bis er an eine große Hecke kommt. Schnell versteckt er sich. Er kann nicht mehr. Seine Augen fallen ihm zu, und er atmet schwer. Der Riese Fürchterlich brüllt fürchterlich als er Jonny nicht mehr sieht und Jonny nicht findet. Schließlich trottet er wieder zu seinem Schloß zurück.

Jonny schläft. Plötzlich zischt es und raschelt es in der Hecke.

"Paß auf Jonny, die Schlange Giftzahn kommt. Sie will dich töten und dein Blut trinken."

Die Schlange Giftzahn kommt immer näher. Jonny schlägt die Augen auf. Er sieht die Schlange, wie sie ihn gerade beißen möchte. Mit einem Ruck steht er auf und galoppiert so schnell er kann los. Er nimmt seine letzte Kraft zusammen. Jonny kommt aus dem Wald. Die Schlange Giftzahn hat Jonny nicht beißen können. Aus dem Wald draußen fällt Jonny erschöpft um. Er kann nicht mehr und fällt in einen tiefen Schlaf. Da sieht man am Himmel einen dunklen Punkt, der langsam größer wird. Es ist der Adler Scharfauge, der Jonny unten auf der Wiese liegen sieht.

Der Adler Scharfauge landet bei Jonny. "Wach auf Jonny, was ist mit dir? Geht es dir nicht gut? Was ist passiert?"

Jonny wacht auf und erzählt seinem Freund, dem Adler Scharfauge seine Abenteuer mit dem Riese Fürchterlich und der Schlange Giftzahn.

"Ich fliege dich heim" sagt der Adler Scharfauge zu Jonny, "komm, steig auf meine großen Flügel".

Jonny steigt auf, und los geht der Flug weit über die Wiesen und Wälder.

Und sie flogen und flogen ganz weit fort ...

Der Adler Scharfauge landete auf der Wiese bei Jonnys Haus. "Schlaf dich aus und erhole dich!", riet er seinem Freund Jonny.

Und Jonny ging in sein Häuschen und fiel sofort in einen tiefen, tiefen Schlaf.

Hilfreiche Materialien für die Tasche des Lehrers

In der täglichen Unterrichtspraxis hat es sich bewährt, verschiedene Materialien in der Tasche greifbar zu haben. Sie ermöglichen einerseits den konsequenten Einsatz verschiedener Medien in verschiedenen Situationen und andererseits ein ständiges flexibles Eingehen auf die Situation.
Einige solche Medien sollen im folgenden beschrieben werden:

- Zahlkarten: arabische Ziffern 0-9
- Punktkarten: Punkte in Würfelanordnung 1 - 6
- Farbkarten: rot, blau, gelb, grün
- Namenkarten für Farben: die Namen der Farben sind in der entsprechenden Farbe geschrieben.
- Namenkarten für Farben: Namen der Farben in neutraler Farbe geschrieben
- Pfeile: zum Anzeigen der Bewegungsrichtungen
- Richtungsanweisungen in Worten (rechts, links, vorwärts, rückwärts) zur Ergänzung der Pfeile
- Wegekarten: Kreis, Acht, Schlangenlinien u. ä.
- Zeichnungen/Fotos einzelner Geräte
- Aufbaukarten mit Geräteliste für häufig angewandte Gerätearrangements
- Grundriß der Sporthalle
- Namenkarten für Körperteile (Beine, Füße, Knie...)
- Körperschemaelemente aus Pappe/Papier, 8-teilig (Kopf, Rumpf, Ober-, Unterarme, Ober-, Unterschenkel, Hände, Füße)
- Tierbilder: Hase, Frosch, Elefant, Schlange zur Initialisierung von Bewegungsweisen

Die o.g. Karten sollten aus einigermaßen stabilem Material (Karton ca. 200g/qm) sein und mindestens DIN A5 groß sein. Zum Schutz vor Schmutz und Knittern empfiehlt es sich, die Karten zu folieren bzw. mit durchsichtiger Selbstklebefolie zu überziehen.

Weitere hilfreiche Materialien für die Tasche zum flexiblen Einsatz:

- Krepp-Klebeband
- Farbige Klebebänder
- Kreide
- Schnüre, Wollknäuel
- Befestigungsbänder mit Klettverschluß
- Leere Blätter bzw. leere mit Folie bezogene Kartons zum Beschriften/Bemalen mit löslichen Folienschreibern
- Bleistifte/Farbstifte
- Schere
- kleines Maßband/Meterstab
- kleines Verbandszeug (Pflaster, Verbandspäckchen, Desinfektionsmittel)

5. Weitere Anregungen und Neuheiten

Trapezstangen für Ringe

Um aus der Ringanlage der Turnhalle ein Schaukeltrapez zu machen, gibt es Trapezstangen aus Stahl. Diese sind sehr einfach einzusetzen und absolut sicher.

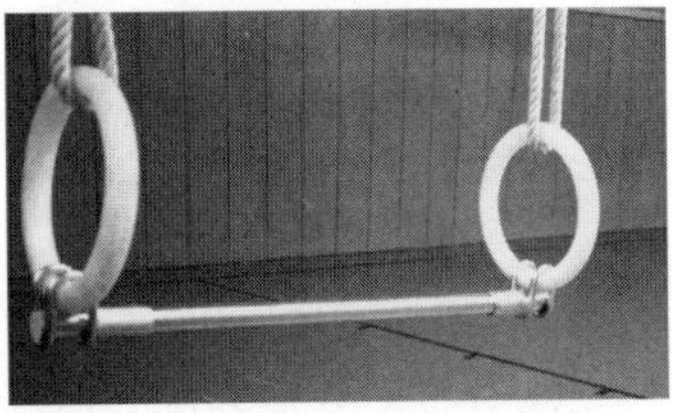

Aus dem Trapez können leicht weitere Gerätekombinationen entwickelt werden. Zwar ist der Anschaffungspreis recht hoch, dennoch sollte für jedes Ringpaar eine Trapezstange vorhanden sein (anzustreben wäre, daß derartige Zusatzgeräte mit zur Grundausstattung gehören).

Schaukelbrett für Ringe

Sehr einfach läßt sich ein Schaukelbrett für die Ringe herstellen. Die Besonderheit dieser Schaukel besteht in der, durch die langen Seile der Ringe bedingte große Schaukelamplitude.

Flugschaukel

Weitere Möglichkeiten der Gleichgewichtsstimulation bietet die Flugschaukel aus Segeltuch. Hier können auch schwerer Behinderte in verschiedenen Lagen schaukeln. Allerdings ist die Haltung in Bauchlage nicht gerade physiologisch gesund, so daß sie vermieden werden sollte.

Tandem

Interessant (wenn auch sehr teuer) erscheint uns ein Tandem, das von beiden Lenkern aus gesteuert werden kann. So kann ein behindertes Kind auf dem vorderen Sitz fahren, hat dabei eine nahezu normale Fahrsituation, kann aber vom Betreuer auf dem hinteren Sitz unterstützt werden.

Auch bei Kindern, die kurz vor dem selbständigen Fahrradfahren stehen kann, die Hilfe des Hintermannes bei der Gewichstverlagerung zum Kurvenfahren förderlich sein.

6. Bezugsquellen für Geräte und Materialien

Benz
Turn- und Sportgeräte GmbH & Co.
Grüningerstr. 1–10
Postfach 220
71350 Winnenden

Böckmann
Sportartikelversand
Dammer Str. 5
49451 Holdorf

Braunschweiger Turn- und Sportgerätefabrik
Philipp Gothmann
Hildesheimer Str. 27
38114 Braunschweig

Dusyma
Kindergartenbedarf
Postfach 12 60
73602 Schorndorf

Eibe
Produktions- und Vertriebs GmbH
Industriestr. 1
97285 Röttingen

Holz-Hoerz
Postfach 11 03
Lichtensteiner Str. 50
72521 Münsingen

Erhard Sportgeräte
Leonh. Erhard & Söhne GmbH & Co.
Postfach 11 63
91533 Rothenburg/Tauber

mitufa
Stöhr Turn- und Sportgeräte
Berlichingenstr. 14–16
91126 Schwabach

Karl H. Schäfer
Psychomotorische Übungsgeräte
Großer Kamp 6–8
32791 Lage

Schwimmsport-Verlag
Fahnemann GmbH
Postfach 127
31167 Bockenem

Spielzeuggarten
Hans Staneker
Karl-Brennenstuhl-Str. 14
72074 Tübingen

Spieth-Holztechnik GmbH
Turn- und Gymnastikgeräte
Zeppelinstr. 126
73730 Esslingen

Sport-Thieme
Helmstedter Str. 44
Postfach 405
38367 Grasleben

Togu
Gebr. Obermaier oHG
Ludwigstr. 29
83209 Prien-Bachham

Wehrfritz GmbH
Postfach 11 07
August-Grosch-Str. 30–38
96473 Rodach

Berthold Widmaier GmbH & Co.
Waldstr. 36
73773 Aichwald

Schaumstoffbälle:
Hanus
Spezial-Schaumstoffe
Postfach 11 63
88349 Kisslegg

Schäfer Shop
Industriestraße
57518 Betzdorf/Sieg

Ausgediente Fallschirme:
VEBEG Verwertungsgesellschaft
Günterrodestr. 26
60327 Frankfurt

Die aufgeführten Anbieter stellen nur eine uns bekannte Auswahl dar, und sind sicherlich unvollständig.

7. Literaturliste

AYRES, J. A.:
Bausteine der Kindlichen Entwicklung. Berlin 1984.
BACH, F./HAUPT, U.:
Sport für Schulanfänger. Freising 1976.
BLUMENTHAL, E.:
PMP Grundschule. Villingen 1984.
BRINCKMANN, A./ TREEß, U.:
Bewegungsspiele. Reinbek bei Hamburg 1981.
CSIKSZENTMIHALYI, M.:
Das Flow-Erlebnis. Jenseits von Angst und Langeweile: im Tun aufgehen. Stuttgart 1987.
DEMETER, R.:
Hüpfen - laufen - springen. Wir turnen mit unseren Kinder. Bern 1976.
DURLACH, F.:
Das Rollbrett im Sportunterricht an der Schule für Lernbehinderte. In: Sonderschule in Baden-Württemberg 1/84. S. 33-38.
EHRLICH/HEIMANN:
Bewegungsspiele mit dem Pedalo. Dortmund 1987.
FETZ, F.:
Allgemeine Methodik der Leibesübungen. Bad Homburg v.d.H. 1979.
FRANKFURTER ARBEITSGRUPPE:
Offener Sportunterricht - analysieren und planen.
Reinbek bei Hamburg 1982.
GUTERL, J./HASELMANN, B./HINZ, H./HEIMES, E./STERN, B.:
Vorgabepapier zur Revision des Bildungsplanes der Schule für Lernbehinderte in Baden-Württemberg. Stuttgart 1987.
HEIL, G.:
Der Fallschirm als Unterrichtsgegenstand. In: Ehrenwirth Sonderschulmagazin 8 (1986) 8, S. 8-10.
HINZ, H./STÖPPLER, T.:
Entwicklungsförderung - eine neue Aufgabenstellung im Förderbereich der Schule für Lernbehinderte (Förderschule). In: Zeitschrift für Heilpädagogik 40 (1989) 4, S. 234-242.
JESPERS, H. u.a.:
Volkssporten spelen. De Volkssportkoffer. Brüssel 1982.
KIPHARD, E.J.:
Sind unsere Turn- und Sportgeräte kindgemäß? In: Praxis der Psychomotorik 6 (1981) 2, S. 45 - 54.
KLOEN, J.:
Frisbee. In: Sportpraxis 27 (1986) 2, S. 44-47.
LEGER, A.:
Das Tandempedalo. In: Motorik 2 (1979). S. 23-25.

MACKE, K.:
Miteinander spielen: Spielformen mit der Frisbee-Scheibe. In: Sportpraxis 27 (1986) 1, S. 29.
MINISTERIUM FÜR KULTUS UND SPORT BADEN-WÜRTTEMBERG:
Bildungsplan der Schule für Lernbehinderte. Anhörungsentwurf. Stuttgart 1989.
MINISTERIUM FÜR KULTUS UND SPORT BADEN-WÜRTTEMBERG:
Vorläufiger Lehrplan für das Fach Sport in der Schule für Lernbehinderte. Lehrplanheft 2/1987. Stuttgart 1987.
MINISTERIUM FÜR KULTUS UND SPORT BADEN-WÜRTTEMBERG:
Bildungsplan für die Grundschule. Lehrplan Sport. Lehrplanheft 5/1984. Stuttgart 1984.
MÖLLERS, J.:
Wie weiße Schmetterlinge auf der blauen Wiese. Schaumstoffringe in der psychomotorischen Praxis. In: Praxis der Psychomotorik 14 (1989) 3, S. 140 - 143.
MÜLLER, E.:
Du spürst unter deinen Füßen das Gras. Frankfurt 1990.
MÜLLER, E.:
Auf der Silberstraße des Mondes. Frankfurt 1990.
NESTLE, W.:
Die Bedeutung der Erfahrung im Unterricht der Schule für Lernbehinderte. In: Sonderpädagogik 11 (1981) 3, S. 97-108.
RECLA, H.:
Freude am Spielen - mit Gegenständen spielen. In: Leibesübungen - Leibeserziehung 43 (1989) 1, S. 26 - 27..
RIEDER, H./ FISCHER, G.:
Methodik und Didaktik im Sport. München 1986.
SCHMIDT, G.:
Mutter-Kind-Turnen: Kartons (Teppichfliesen). In: Sportpraxis 28 (1987) 6, S. 47-48.
SCHMIDT, G.:
Mutter-Kind-Turnen: Reissäckchen. In: Sportpraxis 28 (1987) 3, S. 12-13.
SCHRAAG, M.:
Sonderschule L und Sport. Berlin 1988.
SCHRAAG, M.:
Vorschlag zur Ausstattung von Turn- und Sporthallen für Schulen für Lernbehinderte. In: Zeitschrift für Heilpädagogik 32 (1981) 8, S. 563-566.
SCHRAAG, M./BOECKLER, W./GEGGUS, R./HURST, W./KOTTMANN, W./ MANN, C./TOBOLLIK, M.:
Bewegungserziehung ist mehr. Neue Ansätze zum Sport mit Lernbehinderten. In: Zeitschrift für Heilpädagogik 39 (1988) 9, S. 385-595.
SCHRAAG, M./BOECKLER, W./DIECKMANN, E./GEGGUS, R./HURST, W./ JANSEN , W./KOTTMANN, W./MANN, C./TOBOLLIK, M.:
Multiplikation des neuen Lehrplans Sport an Schulen für Lernbehinderte (Förderschule) in Baden-Württemberg. In: Motorik 12 (1989) 4, S. 156-163.

SCHRAAG, M./BOECKLER, W./DIECKMANN, E./GEGGUS, R./HURST, W./ JANSEN, W./KOTTMANN, W./MANN, C./TOBOLLIK, M.:
Sonderpädagogische Praxis: Schulsport Heft 1 - Schulsportveranstaltungen. Gerlingen 1989.

SCHRENK, H./GALLWITZ, G./GRÖGER, H./HEINRICH, E./HERBSTER, S./ SCHRAAG, M.:
Sport mit Grundschulkindern. Praxishandbuch Band A und B. Gammertingen 1986.

SCHULZ, G.:
Führerschein für Rollschuhfahrer. In: Sportpädagogik 8 (1984) 5, S. 38-39.

SCHWÄBISCHER TURNERBUND:
Beiträge zum Kinderturnen. Praxis. Bd. 1 und 2. Stuttgart 1986.

SEIBOLD, P.:
Bewegungsgestaltung mit Sandsäckchen. In: Ehrenwirth Sonderschulmagazin 8 (1986) 3, S. 27-30.

STÄNDIGE KONFERENZ DER KULTUSMINISTER DER LÄNDER DER BUNDESREPUBLIK DEUTSCHLAND/DEUTSCHER SPORTBUND/KOMMUNALE SPITZENVERBÄNDE:
Zweites Aktionsprogramm für den Schulsport. Bonn 1985.

STILLGER, K.:
Intensivierung im Gerätturnen (2). In: Sportpraxis 29 (1988) 6, S. 8-88.

TREEß, H./TREEß, U./MÖLLER, M.
Soziale Kommunikation und Integration. Dortmund 1990.

ZIMMER, R./CICURS, H.:
Psychomotorik. Neue Ansätze im Sporförderunterricht und Sonderturnen. Schorndorf 1987.

ZIMMER, R.:
Weil es schön ist, zu schaukeln... In: Grundschule 22 (1990) 1, S. 12-14.

ZIMMER, R.:
Kreative Bewegungsspiele. Psychomotorische Förderung im Kindergarten. Freiburg i.B. 1989.

8. Wir über uns

Die Autorengruppe hat ihre Basis in der vom Ministerium für Kultus und Sport in Baden-Württemberg im Feburar 1984 eingesetzte Lehrplankommission zur Erarbeitung eines Bildungsplanes für das Fach „Sport an Schulen für Lernbehinderte".
Nach der Neufassung des Lehrplans — veröffentlicht 1987 — und der nachfolgenden landesweiten Multiplikation des neuerstellten Lehrplanes 1987 und 1988 entstand die Autorengruppe, die sich zum Ziel gesetzt hat, Beiträge zur Bewegungserziehung für Kinder und Jugendliche mit Bewegungsdefiziten zu erarbeiten und als praxisorientierte Hilfe für Lehrer, Eltern und Erzieher anzubieten.
Nach Veröffentlichungen über die Inhalte und die Multiplikation des revidierten Lehrplanes in einschlägigen Fachzeitschriften konzipierte die Autorengruppe eine Reihe „Sonderpädagogische Praxis: Schulsport". Diese Reihe wurde 1989 in Zusammenarbeit mit dem Verband Deutscher Sonderschulen mit dem Band „Schulsportveranstaltungen" eröffnet.

Der nun auch im Hofmann-Verlag vorliegende Band 2 „Materialien und Geräte in der Bewegungserziehung" dokumentiert die Fortsetzung der Arbeit der Autorengruppe.
Bei der Erstellung des Manuskripts waren Kolleginnen und Kollegen aus dem Schul- und Akademiebereich beteiligt.

Die Mitglieder der Autorengruppe möchten sich zur besseren Einschätzung druch die Leserinnen und Leser kurz vorstellen:

Winfried Boeckler

Sonderschullehrer in Marbach, Jahrgang 1942.
Schwerpunkte im Bereich Schwimmen, Wassersport und Basketball. Hobbytennisspieler und ehemaliger Regionalligaspieler im Basketball.

Erna Dieckmann

Fachlehrerin für Sport und HWT an einer Schule für Lernbehinderte, Jahrgang 1954. Schwerpunkte im Bereich „Ästhetik, Kunst und Sport", Ski, Tennis. Als Hobbyfotografin für einen Teil der Bilder in diesem Heft zuständig.
Veröffentlichungen über Unterrichtsprojekte in Sachkunde.

Roland Geggus

Diplom-Pädagoge. Sonderschullehrer an einer Ganztagesschule für Sehbehinderte, Mitglied der Lehrplankommission Sport an Schulen für Sehbehinderte in Baden-Württemberg. Jahrgang 1948. Schwerpunkte Psychomotorik, Bewegungsdiagnostik und Basketball.
Vizepräsident des Deutschen Basketball Bundes, Veröffentlichungen zum Sport an Schulen für Lernbehinderte und zum Basketball.
Ehemaliger Trainer von Bundesligamannschaften im Basketball.

Wolfgang Jansen

Fachlehrer für Sport / Technik, Lehrbeauftragter am Staatlichen Seminar für Schulpädagogok — Abteilung Sonderschulen in Heidelberg. Unterrichtet nun nach langjähriger Tätigkeit an einer Sonderschule für Lernbehinderte und in der Bewegungsförderung im Vorschulbereich Sport und Schwimmen an einer Schule für Geistigbehinderte, Jahrgang 1959.
Schwerpunkte im Bereich Psychomotorik, Tennis, Ski und Volleyball.
Trainer-Lizenzen und Trainertätigkeiten im Volleyball, Ski und Tennis. Referent bei Veranstaltungen der Lehrerfortbildung. Veröffentlichungen zur Psychomotorik. Für das Layout dieses Heftes verantwortlich.

Wolfgang Kottmann
Rektor an einer Schule für Lernbehinderte, Jahrgang 1939. Mitglied der Bildungsplankommission für den Lehrplan Sport an Hauptschulen in Baden- Württemberg.
Schwerpunkte im Bereich Leichtathletik, Gerätturnen und Pferdesport. Ehemaliger Trainer im Hochleistungssport (Leichtathletik). Referent bei der Lehrerfortbildung, Veröffentlichungen zum Sport an Sonderschulen.

Christel Mann
Sonderschullehrerin in Reutlingen, Jahrgang 1944, Vorsitzende des Verbands Deutscher Sonderschulen- Bezirk Südwürttemberg.
Schwerpunkte Turnen, rhythmische Erziehung, Tanz. Referentin bei Lehrerfortbildungen. Veröffentlichungen zum Sport an Sonderschule.,

Dr. Manfred Schraag
Rektor an einer Schule für Lernbehinderte, Jahrgang 1950.
Mitglied der Lehrplankommission "Sport an Grundschulen" in Baden- Württemberg, Vorsitzender der Lehrplankommission "Sport an Schulen für Lernbehinderte".
Schwerpunkte in Pädagogik, Spiel, Psychomotorik, Volleyball. Promotion mit einer empirischen Untersuchung zur Situation des Sports an Schulen für Lernbehinderte.
Lehraufträge am Fachbereich Sonderpädagogik der PH Reutlingen. Referent bei Lehrerfortbildungen.
Fachberater für Sonderschulen beim Staatlichen Schulamt Tettnang.
Veröffentlichungen und Monografien zum Schulsport an Grundschulen und Schulen für Lernbehinderte.

Weitere Mitarbeiter an diesem Buch:

Reinhart Baumgratz
Rektor an der Schule für Lernbehinderte Blaufelden.

Thomas Buttendorf
Sport- und Sonderschullehrer, Leiter der Beratungsstelle "Sport für behinderte Menschen" des Deutschen Sportbundes.

Frank Durlach,
Fachschulrat an der Staatlichen Sportakademie für Lehrerfortbildung

Heinz Hinz
Rektor an einer Sonderschule in Stuttgart, Mitglied der Lehrplanmkommission " Bildungsplan der Schule für Lernbehinderte. 2. Vorsitzender des VDS Baden-Württemberg

Margret Schraag
Realschullehrerin an der Realschule Kißlegg

Hartmut Schrenk
Diplom- Pädagoge, Direktor am Staatlichen Seminar für schulpraktische Ausbildung Albstadt-Ebingen.
Vorsitzender der Lehrplankommission Sport an Grundschulen

Thomas Stöppler
Rektor an einer Schule für Erziehungshilfe, Pressereferent des VDS-Baden- Württemberg

9. Kontaktadressen

Autorengruppe
Geschäftsführer
Roland Geggus
Postfach 13 28

76327 Pfinztal

Schulanschrift:
Schule am Weinweg
— Schule für Sehbehinderte —
Am Weinweg

76131 Karlsruhe

Winfried Boeckler
Uhlandschule
Schule für Lernbehinderte

71672 Marbach

Erna Dieckmann
Vogesenschule
Schule für Lernbehinderte
Hardtstraße 3

76185 Karlsruhe

Wolfgang Jansen
Staatliches Seminar für Schulpädagogik
Abteilung Sonderschulen
Keplerstr. 87

69120 Heidelberg

Wolfgang Kottmann
Lehenschule
Schule für Lernbehinderte
Römerstr. 91

70180 Stuttgart

Christel Mann
Bodelschwinghschule
Schule für Lernbehinderte
Bodelschwingh-Str. 25

72762 Reutlingen

Dr. Manfred Schraag
Don-Bosco-Schule
Schule für Lernbehinderte
Am Ringweg 9

88299 Leutkirch im Allgäu

Beratungsstelle für den Sport behinderter
Menschen des Deutschen Sportbundes
Thomas Buttendorf
Im Neuenheimer Feld 710

69120 Heidelberg

Deutscher Behinderten-Sportverband
Ferdinand-Lentjes Haus
Am Schönenkamp 110

40599 Düsseldorf

Verband Deutscher Sonderschulen
Bundesgeschäftsstelle
Heinz G. Schwemmer
Herschelplatz 1

90443 Nürnberg

Verband Deutscher Sonderschulen
Landesverband Baden-Württemberg
Geschäftsstelle
Karin Hopfensitz
Kernerstr. 16

74076 Heilbronn

Aktion Sorgenkind
Franz-Lohe-Straße 17

53129 Bonn

Deutscher Paritätischer Wohlfahrtsverband
Gesamtverband-Bundesgeschäftsstelle
Heinrich-Hoffmann-Straße 3–5

60528 Frankfurt

Aktionskreis Psychomotorik
Geschäftsstelle
Karl-Heinz Schäfer
Kleiner Schratweg 32

32657 Lemgo

Staatliche Sportakademie für Lehrerfortbildung
Reuteallee 42

71634 Ludwigsburg

Bundesverband zur Förderung
Lehrbehinderter e. V.
Beratungs- und Geschäftsstelle
Rolandstraße 61

50677 Köln

Bundesarbeitsgemeinschaft zur Förderung
haltungsgefährdeter Kinder und Jugendlicher
Geschäftsstelle
Fischtorplatz 17

55116 Mainz

Landesarbeitsgemeinschaft
für Gesundheitserziehung
Baden-Württemberg
Johannesstr. 75

70176 Stuttgart